# 今天學哲學了沒

Open Course
一週讀完

張智皓 著

## 編輯小語

# 認識哲學，一週時間恰恰好！

※ **一週讀一科目，不躁進，不累贅。**

三小時讀通哲學太不可思議，一個月又太久，本書針對「一週學好一科目」的目的，為讀者規畫適當學習進度，從週一至週末，精心安排「導論」、「起源與發展脈絡」、「重要人物與理論」、「學科分支」、「用哲學看世界」、「放下書，實踐哲學」等單元，幫助讀者在短時間內迅速掌握哲學大要。

※ **系統性學習，按部就班有效率。**

採系統性介紹方式，先了解哲學的起源與發展歷史，再認識諸位名家及其理論，最後介紹哲學與其他學科激盪出的新學門。全方位掌握哲學，非一個蘿蔔一個坑式的填鴨學習。

※ **開放式課程理念，超越時空，打破知識藩籬。**

以開放式課程為設計理念，強調無累式自我進修，讀者可依自身能力選擇學習內容，隨時隨地利用零碎時間輕鬆閱讀。同時，致力於內容簡潔明白、一看就懂，打破哲學知識難以跨入的限制，無論非本科生、一般上班族，皆可閱讀。

☼ **持續性複習，學習目標易達成。**

按日規畫「三分鐘重點回顧」章節，讀者每日均能迅速且有效複習所學，省時又省力。

☼ **用哲學看世界，Q＆A解決疑難。**

週五特別規畫「用哲學看世界」單元，細心挑選日常生活相關哲學問題，逐一提出解答，破除讀者既有的誤解與迷思，重新發現哲學的價值。

☼ **放下書，實踐所學，印象最深刻**

週末設計「放下書，實踐哲學」單元，精心提出鍛鍊哲學思考五大工具，培養哲學能力，讓思路更為清晰、明確，思考問題有條有理、討論問題邏輯通順、應答問題流暢有力。

☼ **名家軼事，窺探趣聞**

課本裡看不到的哲學大師成長故事、交友、求學過程、戀愛、人生經歷等軼事，「名家軼事」欄位特別介紹，讀者更可親炙大師風采。

☼ **大師語錄，人生指南**

收錄諸位名家的雋永名句，分享大師的求學心得與人生智慧。

## Day 01
Introduction



## Day 02
History



## Day 03
Scholar & Theory

CONTENTS 目錄



Day 04 Discipline

## 星期四 學科分支

Day 05
Q & A



Weekend
Practice



Appendix
附錄

Day 01
Monday

星期一

# 導論

-Introduction-

這個世界上有許許多多的問題，有數學問題、化學問題、物理問題，當然，也會有哲學問題。如果我們想知道什麼是數學問題，我們要先了解什麼是數學；同樣地，若想了解什麼是哲學問題，我們大概也要先了解什麼是哲學。那麼，什麼是哲學？有趣的是，這個問題看起來好像也是一個哲學問題。

# 什麼是哲學？——哲學的定義、主題及探討方法

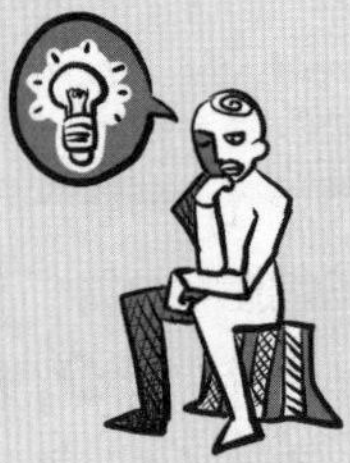

在台灣，許多人將哲學視為一種類似心靈導師的學問。我們走進街上的書店，時常可以看到架上有許多關於生活哲學的書，這些書的內容通常將哲學思想看成一種生活態度，希望透過一些簡單卻富含深意的句子，引導我們的生活方向。更有甚者，許多人將哲學視為算命的一種，認為哲學可以使我們上知天文、下知地理。確實，在中國早期，哲學常跟《易經》、卜卦有密切關係。對於許多早期的中國思想家來說，《易經》內蘊藏了真理，或者以他們的語言來說，裡頭蘊藏了「道」。這些中

國思想家們透過解讀《易經》來得道，並且認為得道之後，就可以掌握過去與未來。除此之外，還有許多人認為，哲學就是用許多的術語談論一些很玄妙的東西，而哲學家們說話總是高來高去，完全讓人摸不著頭緒。

這些是我們日常生活中所認定的哲學，看起來，哲學好像有非常多也非常豐富的面向。從上述這些日常生活的使用上來看，我們發現其中有一個共同的特徵：哲學很「**抽象**」。哲學的確有抽象的一面，畢竟思考本身就是一種很抽象的行為。但哲學也可以是一門很**具體**的學問，西方哲學的思考傳統正好可以為這樣的具體性做出保證。這本書的目的，正是希望讓讀者了解，我們怎麼透過邏輯與觀察做出具體的哲學討論。

哲學思考起源於人類的**好奇心**。人類不同於其他動物，動物通常只為了生存而活，但是人類要的更多。當人們不再需要每天為了維持生命而行動時，對於周遭事物的好奇心便油然而生。我們開始好奇，那些掛在天上閃閃發亮的東西為什麼不會掉下來？天空中那顆發熱的大火球為何會依照一定的軌跡出現和消失？人們對於大自然的種種現象感到驚奇，同時，也對於「人」感到驚奇。人是怎麼樣的動物？人跟其他動物有什麼差別？人死了以後會怎麼樣？

大師語錄　哲學！人生之導師，至善之良友，罪惡之勁敵。假使沒有你，人生又值得什麼！——西塞羅許許多多的問題充斥在人們的日常生活中，為了消除這些疑惑，人們開始透過日常生活的觀察，以及豐富的想像力來說明這些問題。可能有人看了這些問題以後會感到疑惑，這些問題難道不是科學問題嗎？怎麼我們可以說這些是哲學問題呢？我的回答是這樣的：**哲學向來不是一門擁有專業的學科，而是一種思考與反省的「方法」**。我們大概都會同意，不論哪一種專業學科，諸如數學、物理學、化學以及生物學等，思考與反省向來都是促使它們進步的重要推手，而哲學就是扮演這樣的角色。哲學思考可以讓我們對問題做出深度的分析；了解問題之後，我們才有可能解決問題。

為了更了解什麼叫作哲學，讓我們透過其他更「具體」的方式，來看看浪漫而又充滿創造力的哲學思考，是如何誕生的。

## 原始定義　熱愛智慧的人

哲學的原始定義一直都有爭議。哲學是一種思考方式，而根據目的與文化的不同，「哲學」理所當然也會有不同的內容。但是我們一般可以從兩方面來探討哲學的定義：**哲學的字源**以及**哲學活動的起源**。

## （一）哲學的字源

古希臘人將哲學家視為熱愛智慧的人。哲學（philosophy）的字根是希臘文，可以拆成希臘文的 philein 以及 sophia。philein 的字面意思是「**熱愛**」，而 sophia 的字面意思是「**智慧**」。因此，舉凡所有追求智慧的活動，皆屬於哲學活動。博士學位上的 Ph.D. 頭銜，其實就是 Doctor of Philosophy（哲學博士）的縮寫。這些人在他們的領域上透過不斷地研究及努力，對學術發展做出貢獻，因而被認可為熱愛智慧的人。從哲學的字源上，我們大概可以對什麼問題算是哲學問題，給出一個一般性的答案：人們出於對智慧的熱愛所探究的問題，大概都可以被視為**哲學問題**，而探究這些問題的人，就可以被稱為**哲學家**。哲學家的頭銜不同於數學家、物理學家或化學家，這些頭銜需要具備許多基本的專業能力；要被稱為哲學家，所需的基本能力只有熱愛智慧。因此，每一個懷抱有探求智慧之渴望的人，都可以被稱為哲學家。

大師語錄　哲學起自人們意識到自己對於人生必要事物的無力與無能。
——愛比克泰德

## （二）哲學活動的起源

哲學活動從來就沒有單一起源，也不可能會有單一起源。只要有人的地方，就會產生哲學活動；從人們開始嘗試透過思考解答生活中的問題時，哲學思考就已深入人心。**哲學思考**是一種智性的活動，人們透過**語言**以及**理性**掌握智慧；從以前到現在，人們總是不停地面對問題並解決問題，而哲學思考可以被視為一連串解決問題的過程。從歷史上來看，古希伯來人和埃及人透過對天象的觀察、對生命的反思以及對數學概念的掌握，發展出一套完整的天文學理論、宗教理論及數學理論，尤其埃及人更是著迷於出生與死亡、靈魂與來世之間的關係。印度早在公元前一五〇〇年就已經有經典教義《吠陀經》傳世，我們可以從其中發現一套頗完整的宗教思想及世界觀。公元前六〇〇年，位於東方的中國已經擁有高度的政治思想，著名的思想家如孔子，發展出一套以探討社會和政府關係為核心的哲學思想，以「禮」作為人與人之間相處的道理，以「仁」作為其道德思想的最高指標。希臘人原是游牧民族，後來南進愛琴海地區，由於其地理位置鄰近地中海，隨著地中海地區的海上貿易愈益興盛，希臘人常與外地文化有所接觸，因而慢慢學習新知。他們透過埃及文化學習建築學、幾何學，並從巴比倫文化中學習天文學。透過這種不斷學習以及融合，希臘開啟了廣泛影響西方世界的希臘哲學榮景。

從上述的歷史中，我們可以發現，印度與埃及的哲學思想，很大一部分受其**宗教思想**所影響；他們關注人的靈魂與自我，在乎人的死亡及死後的世界。中國的哲學思想則受到高度的**政治文化**所影響，主要的思想內容都是以人際關係作為探討對象。希臘哲學受到許多外來科學理論的影響，因此其哲學思考含有濃厚的邏輯與數學風味。

## 探討主題　宇宙、知識、倫理規範、宗教、心靈、人與政府

哲學探討的主題會依時代背景的不同而改變。在古代，幾乎所有問題都被認為是哲學問題。隨著時代的演進，知識開始細分成各種不同領域，許多問題也由一開始哲學家所關注的哲學問題，慢慢轉變為其他專業學科所關注的問題。然而，不論如何轉變，我們大致上都可以從這些學科裡找到哲學的痕跡，因為任何學科都需要透過理

大師語錄　人是自然界中最脆弱的蘆葦，但人是一根會思考的蘆葦。
——巴斯卡

性與觀察來追求答案，而**理性與觀察**正是哲學思考所標榜的哲學方法。

## （一）終極真理

人們希望透過哲學追尋真理，進而了解世界的樣貌。不管是位處西方的埃及人、希臘人，還是位處東方的印度人、中國人，都想認識這個世界，進而認識這整個宇宙。人們透過對事物的觀察以及想像來說明宇宙起源（cosmogony），**形上學**（metaphysics）於是應運而生，探討最終的實在。

## （二）知識的來源與條件

但是，要認識世界，我們必須要有一套可靠的方式，以獲得關於世界的知識。於是，人們思考知識如何被認可，以及用什麼方式獲得知識才是可靠的，**知識論**（epistemology; theory of knowledge）因此紮下了根，探討知識的來源與條件。僅僅了解宇宙起源，不足以滿足人們對於知識的渴求，為了與周遭環境和諧相處，人們希望能夠掌握世界的「規則」。於是，探討世界規則啟發了古代的自然哲學，而這也是現代自然科學的前身。

## （三）倫理與道德規範

此外，人們認為世界上除了自然的規則之外，還存在著人際間相處之善與惡的區別。有些行為被認為是善行，有些則是惡行，於是許多思想家們開始思考所謂「善的規則」，並且希望透過這些規則來指引我們生活，**倫理學**（ethics）因此開始占據人心，探討倫理與道德規範。

## （四）宗教現象與神

只有規則還不夠。如果只有規則，沒辦法確保人們會遵守這些規則，有些人可能會破壞規則（比如以武力使他人屈服），以獲得更好的生活。因此，人們需要賦予這些規則足夠的力量，也就是使這些規則具有規範力。為了達到這樣的目的，有些人開始訴諸宗教，主張人活著的時候違背了善的規則，死亡以後就會受到神的審判，**宗教哲學**（Philosophy of Religion）開始進入人們的生活，探討宗教現象與神。

大師語錄　人的天職在勇於探索真理。——哥白尼

## （五）心靈現象與自我

我們都知道人死後身體會腐壞，為了說明人死後會受到神的審判，我們必須要訴諸一個不會腐壞、純精神上的實體——靈魂，來接受審判。因此，身體與靈魂的二元理論開始被討論，**心靈哲學**（Philosophy of Mind）開始盛行，探討身體與心靈之間的關係。

## （六）人與政府之關係

現代國家興起之後，政府與人民應該如何相處、政府權力的限制以及人民權利的抬頭，成為許多思想家埋首苦思的難題，**政治哲學**（Political Philosophy）開始躍上檯面，探討人與政府之間的關係。

哲學所探討的主題當然比上述還要多上許多，而且各種不同領域的哲學問題，也各自擁有豐富的討論與主題。上述內容只是讓我們對哲學各領域之間的關聯有個輪廓。

必須注意的是，哲學探討的主題，彼此之間時常環環相扣，有著緊密的連結。而且，隨著時代的進步，新的技術時常引發新的問題，而這些問題往往可以與哲學互相結合，讓人們更加了解這些新問題的樣貌。比如說，電腦的發展使得我們理論上擁有創造出人工智慧的可能性，而人工智慧的研究很大程度上將仰賴心靈哲學的研究，因為人工智慧的目的是要讓機器模仿人類的心靈，而心靈哲學正好是以人類心靈為討論對象。生物科技的進展，也讓人們開始擁有複製人類的技術。這種技術產生之後，相應而生的問題就是複製人類所產生的倫理議題，此時倫理學就可以被拿來作為討論的工具。

這種伴隨新技術而來的哲學討論還有許多，而且，哲學問題永遠都沒有問完的時候，我們也不可能為所有的哲學問題提供一個正確答案。只要人們保持著好奇心以及解決問題的企圖心，哲學活動會一直延續下去，並透過不同的時代、背景、問題，進而產生新的哲學主題。

大師語錄　哲學家不過是用各種方式解釋世界，但重點在於改變它。
——馬克思

探討方法

## 演繹論證、歸納論證

哲學思考以**理性**為基礎。哲學研究注重**討論**，任何注重討論的學問都有一個最重要的元素必須滿足，就是討論的內容可以被他人理解。因此，要和別人討論哲學問題，一定要能夠讓他人清楚了解我在**說什麼**，我說的話是**什麼意思**，我是基於哪些觀察產生我的前提，以及經過怎樣的推論得出我的結論。一個好的討論，最重要的一點在於討論的雙方都必須對語言有基本的掌握與使用能力；哲學討論正是致力於將這樣的能力運用到極限。

亞里斯多德曾說：「人是理性的動物。」也許就是因為人是理性的，才會發展出哲學理論與哲學方法。先前我們討論過，與其將哲學視為一門「學科」，不如說哲學是一門教導我們如何運用理性來思考的「方法」。理性可以有很多種，端看目的而定，而哲學最常使用的理性能力為「**邏輯能力**」。透過觀察，我們對各種事物及概念做出性質上的區別與分類，接著使用邏輯來做出論證。哲學理論的說服力奠基於邏輯論證之上，因此，想要學習哲學思考，必定要先了解如何建構一個符合邏輯的論證。

邏輯是一門非常專業也十分艱深的學問，在哲學界甚至有「只有最聰明的哲學家才能研究邏輯」這種說法。還好，我們不需要懂非常多的邏輯，也能夠使用或者理解哲學論證。其實，我們需要的邏輯能力，已經不停地在日常生活中被我們使用了，只是我們沒有意識到這些就是邏輯。因此，我們不必擔心自己是否會因缺乏足夠的邏輯能力，而不能進入哲學推論的世界。

一般來說，哲學論證可以透過兩種方法來呈現：**演繹法**（deduction）與**歸納法**（induction）。使用演繹法的論證稱為**演繹論證**（deductive argument）；同樣地，使用歸納法的論證稱為**歸納論證**（inductive argument）。

## （一）演繹論證

讓我們先從第一種論證開始談起，下列是哲學界著名的演繹論證例子，這個例子可以很清楚地說明這種論證的結構：

〈演繹論證〉

前提一：所有人都會死

前提二：蘇格拉底是人

結論：蘇格拉底會死

演繹論證是最嚴謹的一種論證，幾乎所有數學以及物理證明，都是採取演繹論證的形式。在一個有效的演繹論證（註1）中，如果前提都是真的，那麼經由適當的邏輯推論，就可以確保結論是真的；前提與結論之間有必然的連結。上面的例子中，前提一跟前提二確保了結論是真的。

演繹論證看起來是不是非常地符合我們日常生活的直覺呢？事實上，在日常生活中，我們時常在使用演繹論證。比如說：「今天我想要去郵局存錢，但是我知道郵局在禮拜天整天都不會營業，我也知道現在是禮拜天下午兩點。」那麼我就可以得到一個結論：「我現在去郵局也沒辦法存錢。」如果我們把上述這一小段話整理成演繹論證，形式大概會是這樣：

〈演繹論證〉

前提一：郵局禮拜天整天都不營業

前提二：現在是禮拜天下午兩點
結論：郵局今天沒有營業，所以我現在去郵局也沒辦法存錢

當然，一個哲學論證的前提可能有很多個，推論過程可能也會比較複雜，但是無論如何，我們已經時常在生活中實踐這種推論形式，因此我們不需要為此感到擔心。

## （二）歸納論證

接著，讓我們來看看第二種形式的論證。同樣地，我們也以一個哲學界著名的歸納論證當例子，檢視這種論證的結構：

〈歸納論證〉
前提一：觀察到一隻烏鴉是黑的
前提二：觀察到二隻烏鴉是黑的
前提三：觀察到三隻烏鴉是黑的

註❶ 又稱為有效論證（valid argument）。一個論證如果是有效論證，則如果此論證的前提都是真的，那麼此論證的結論也必定是真的。

……………
前提N：觀察到N隻烏鴉是黑的
結論：烏鴉是黑的

歸納論證的嚴謹程度沒有演繹論證高。從上面的例子中我們會發現，歸納論證的特性在於只要沒有出現反例（非黑色的烏鴉），經過足夠多的樣本之後，可以直接推論出烏鴉是黑的。在歸納論證裡，前提是真的並不會確保結論也是真的，結論與前提之間沒有必然的連結。就算我們發現一百萬隻黑色的烏鴉，也不能保證烏鴉就是黑色的。

嚴格說來，歸納論證不算是真正的邏輯論證，因為真正在邏輯上有效的論證（也就是演繹論證），要求正確的前提所推論出來的結論也必定是正確的。因此，一個論證如果能夠以演繹論證的形式表達出來，是最理想的，這種形式可以確保此論證的結論是真的。

但是，如果做出演繹論證以後就保證結論為真，哲學家們還有什麼好吵的呢？確實，要建構一個邏輯上有效的論證，對許多人來說是相對容易的，真正困難的地方在於：我們要如何保證前提的正確性？例如下面的例子：

前提一：沒人游泳五十公尺的時間可以少於十八秒
前提二：小明今天參加游泳比賽，游了五十公尺
結論：小明游五十公尺所花的時間會高於十八秒

這個例子是一個演繹論證，如果前提一跟前提二都是真的，將保證結論也是真的。但這個論證不一定健全（註2），因為前提一未必為真。我們用來支持前提一的理由是到目前為止，所有紀錄都顯示沒人游五十公尺的時間可以少於十八秒。但這個理由也是透過歸納而來，並不代表未來就沒有人可以達成，因此前提一未必為真。

哲學家們就是透過不停地檢視論證及修改論證，來思考問題。因此，要學會哲學思考，必須對事物保持質疑的態度，不能夠輕易地就相信我們所接收到的資訊。對於一個熱愛智慧的人或者哲學家來說，我們會十分重視所接收到的訊息究竟是真是假。我們會很認真地檢視所接受到的訊息，檢視支持此項訊息的理由是否真的能夠成立，根據觀察以及理性思考，選擇是否要相信或者拒絕相信。如此反覆探討一個哲學



註❷ 一個論證如果是健全論證（sound argument），則這個論證不但要是有效的，此論證的每一個前提也都必須是真的。

論證的前提，以及前提背後的內容，如果這些前提都可以被我們接受，我們才能因此相信結論。哲學家們就是透過這種方式來討論哲學，唯有不停地質疑與排除錯誤，才有可能愈來愈接近真理。

## 西方哲學三大基本問題 形上學、知識論、倫理學

許多學門都有所謂的基礎學問，比如說，當我們在學習經濟學時，我們需要以經濟學原理作為出發點，接下來才是總體經濟學與個體經濟學；當我們在學習機械工程學時，我們首先要學習基礎物理，接著才是學習各式各樣的力學與材料學。就像經濟學與機械工程學一樣，哲學這門學問也有所謂的基本科目：**形上學**、**知識論**、**倫理學**。這些基本科目被稱為西方哲學的三大基本問題，從這些問題底下衍生出來的哲學分支與哲學問題，幾乎是列舉不完的。而且，在所有的哲學問題裡，我們不難看到這三大基本問題的影子。因此，對這三大基本問題有一些初步的了解，將有助於我們更進一步進入哲學這個充滿魅力與不確定性的領域。

## （一）形上學

在所有的哲學分支中，形上學大概可以被視為最古老的一門學問。遠在西元前六世紀的古希臘時期，哲學家**泰利斯**（Thales, 624-546）就已經提出形上學問題：「世界的本質是什麼？」並嘗試為這個問題提供答案。形上學又被稱為**第一哲學**（First Philosophy），我們可以從這個名稱看出形上學這門學問在哲學上的重要性。那麼，形上學到底是一門關於什麼的學問呢？要對這個問題給出答案不是一件容易的事，而且在哲學上，通常不會有一個所有人都滿意且接受的答案。但是不論如何，想要知道形上學是什麼，我們至少可以先從形上學都在討論什麼問題開始談起。

在哲學史上，形上學探討的主題常會依時代的不同而有所不同。這個意思不是說一個形上學問題被解決以後，在接下來的另一個時代，人們開始討論另外一個形上學問題。我們要時刻銘記在心，自古到今從來沒有任何一個形上學問題被解決，但這並不代表早期的形上學問題後來沒有再被提出來討論，只是比較不受當代的關注罷了。形上學所探討的核心問題之所以會轉移，很大一部分是受當時文化及時代背景所影響。

大師語錄　人生最困難的事就是認識自己。——泰利斯

## ☼古希臘時期

古希臘早期是一個民智初開的時期，人們在獲得了一些基本的數學及天文學知識後，開始發現他們能夠透過理性，探討一些他們原本認為只有神才知道的問題。此時期的哲學家最先探討的形上學主題是**宇宙與世界的本質**，更確切地說，他們想要知道這世界的真實樣貌是什麼，構成世界萬物的基本物質到底有哪些，以及這些東西究竟如何構造出我們所居住的世界。

## ☼中世紀時期

到了中世紀，由於**基督教**興起，此時期的哲學家最熱衷探討的形上學主題就是上帝。關於上帝的主題有很多，但最終都脫不開探討**上帝的存在**。許多具有虔誠信仰的哲學家，終生致力於論證上帝的存在，並且希望透過這些論證，讓人們可以更堅定自己的信仰。會有這樣的情況其實一點也不令人意外，因為中世紀時期宗教力量非常

### 哲學小詞典

➲ **形上學**（Metaphysics）：一門研究事物本質與基本原理的學問，希臘文原意為「在自然之後」。笛卡兒以大樹作比喻，將人類知識分成三部分，最基礎的即是形上學，比作樹根；其次是物理學，比作樹幹；第三是其他自然科學，比作樹枝。形上學又有「第一哲學」的稱號。

龐大，西方世界被視為政教合一的世界。當時只有貴族與傳教士可以閱讀哲學古典，而傳教士們可以讀的古籍都已被篩選過了，因此更加深他們的信仰及對上帝的景仰。我們可以說，整個中世紀的形上學，幾乎就是在尋找上帝存在的證明。

### ☼ 文藝復興時期

近代的形上學討論主題，可以從十六、十七世紀開始談起。當時**藝術**與**科學**興起，人們邁向另一個理性能力快速進展的階段，新的科學技術與科學理論相繼出現，開始挑戰人們對於世界的認知。在十五世紀以前，人們對於世界的理解來自於**托勒密**（Ptolemaeus, 90-168）的**地球中心學說**，主張地球是世界的中心，這個宇宙包括太陽都圍繞著地球在旋轉。直到十六世紀，**哥白尼**（Nicolaus Copernicus, 1473-1543）提出了**太陽中心學說**，挑戰當時基督教世界的世界觀。接著再由**伽利略**（Galileo Galilei, 1564-1642）進一步證實哥白尼的學說，之後基督教世界所建構的世界觀開始逐步瓦解。

牛頓（Isaac Newton, 1642-1727）從伽利略的研究中獲得了啟發，提出著名的**牛頓力學三大運動定律**，以此推動科學革命的開展。牛頓力學深深影響當時的思想家，

大師語錄　堅信比謊言更是真理的敵人。——尼采

許多人開始認知到世界的運行有一定的規則，萬事萬物似乎都依循著物理定律規律地運動，我們可以根據物理定律預測下一時刻的物理狀態。這似乎意味著所有的物理事件都是被先前的物理事件所決定，而我們只是看著這些事件發生。哲學界湧出許多**決定論**（determinism）與**自由意志**（free will）（註3）的爭論，辯論我們到底有沒有自由意志。我們在日常生活中所下的決定，究竟是出於我們的意志，還是早就被物理定律決定好了呢？

形上學討論的主題十分豐富，除了上述提到的主題外，還包含了**因果關係**、**等同關係**、**可能世界**等概念。

### ☼各時代的共同主題：探討實在

雖然形上學討論的主題隨時代而轉變，但是，我們可以從這些主題中發現一些共有的特性。不論是早期討論世界的本質，或者中世紀探討神的存在，以及近代關於決定論與自由意志的爭論，我們可以發現在這所有的主題中，形上學都想探討**實在**

**名家軼事**

形上學的中文譯名取自《易經》「形而上者謂之道，形而下者謂之器」一語，為日人井上哲次郎（1856-1944）據形上學的英文 Metaphysics 翻譯而來。井上哲次郎是日本著名哲學家，曾留學德國。他熱烈支持帝國主義，並排斥基督教，認為其與日本文化水火不容。

（reality）是什麼。探討「實在」聽起來很難理解，我們可以先從「**表象**」（appearance）開始談起。我們知道，如果桌上放了一杯水，而我們在水裡插一支筷子，從外面我們會看到筷子好像被折斷了，水下的筷子與水上的筷子在接合處有一小段落差。實際上，我們知道筷子並沒有被折斷，會產生這樣的視覺現象，主要是因水與空氣對於光線的折射率不同所造成。我們稱這種筷子看起來似乎被折斷的視覺現象為「表象」，而「實在」就是筷子事實上還是完整的，沒有被折斷。想想看另外一個例子，在中國早期，每當發生月蝕或日蝕現象時，月亮或太陽看起來好像被某種東西給吃掉了，當時的人們於是稱此現象為「天狗食月」或「天狗食日」。在這個例子裡，月亮或太陽被吃掉是一種「表象」，但實際上，月亮或太陽還是完整地存在著。

日常生活中還有許許多多關於「表象」的例子，這些例子都告訴我們眼見不一定為憑，很多時候我們觀察到的只是事物看起來的樣子，而非事物真正的樣子。形上學這門學問則是致力於探討事物真正的樣子。早期人們探討世界的真正構成物；中世紀時期，人們探討上帝是否真正存在；到了近代，人們在乎我們是否真正擁有自由意志。不論是哪一種主題，我們都希望可以獲得真理，不被表象所蒙蔽。可惜，形上學發展至今，許多問題也已經討論了幾千年，哲學家們依然沒有辦法宣稱已經獲得了任

註❸ 自由意志早在中世紀時期就已有相關討論，但在科學革命後，決定論被視為一種主流思想，許多哲學家認為自由意志的存在只是一種幻想，人們是否擁有自由意志的問題又再一次地被突顯出來。

何的「實在」，或者說，真理。

## ❂我們只是「還沒有」找到答案

對於形上學探討已久卻無法獲得任何真理，哲學家們提供了兩派的想法。其中一派哲學家認為，我們之所以沒辦法獲得任何真理，原因在於形上學問題的答案超越了人類的能力。我們的心智能力與認知能力都有極限，想獲得形上學的答案或者真理，對人類來說是不可能的。人類不可能獲得關於世界的真理，就好像螞蟻永遠不可能理解三維空間的向度到底是什麼。

另外一派哲學家則認為，形上學問題根本就不是真正的問題，它只是一連串透過適當的文法與語詞包裝出來的句子，看起來好像真有這麼一回事，實際上完全沒有任何意義。當我們在問「人有沒有自由意志」時，就好像是在問「當我們在搔癢時，髮絲會怎麼飄動」一樣，看起來好像是個問題，實際上卻是沒有意義的問題。

不論如何，對許多哲學家來說，上述這兩種想法都是他們不願意接受的。對他們來說，我們只是「還沒有」找到答案而已，而這不代表我們不可能找到答案。這些哲學家認為，只要持續地思考，持續地生活，總有一天，一定可以發現這些形上學問題的真正答案。

## （二）知識論

十八世紀以前，西方哲學家們大多以形上學問題為主要的討論對象。從西元前六世紀到十八世紀這兩千多年裡，形上學問題被視為哲學問題的顯學，其他哲學問題通常被視為枝微末節的小問題，沒有任何重要性。一直到了科學革命後，人們理解到這世界不像基督教或其他宗教所描述的那樣，以前從教堂及傳教士口中所獲得的知識大多是假的，或者說，那些根本就不算知識。從教堂裡獲得知識的管道已經崩解，人們需要思考另外一種獲得知識的途徑，以及獲得知識的方法。哲學家們了解到原先對於「知識」的概念嚴重不足，於是從法國哲學家**笛卡兒**（René Descartes, 1596-1650）開始，對知識論的討論（註4）有了爆炸性的進展（註5）。

讓我們先將目標指向「知識」本身。在我們的日常生活中，不管我們研究的是哲學還是其他學科，我們的目標都只有一個：獲得此學科的相關知識。知識的重要性不言而喻。但是，什麼叫作「知識」？要回答這個問題，我們大概可以從三個方面著手：首先，我們可以區分出知識的類型；接著，怎樣才算是擁有知識；最後，我們要

註❹ 最早對知識論做出有系統討論的哲學家，可以回溯到希臘時期的哲學家柏拉圖，他在著作《對話錄》中將知識定義為「被證實的真信念」。此後有很長一段時間，西方哲學在知識論的討論上一直沒有重大進展。

註❺ 與笛卡兒相關的重要哲學思想，週三〈重要人物與理論〉的「笛卡兒」一節將有較多具體的說明。

如何獲得知識。

## ※知識的類型：能力知識與命題知識

讓我們從第一個問題「知識的類型」開始著手。回想一下，在日常生活中，我們常用「**知道**」這兩個字來說明擁有或詢問某些知識。比如說，當我們在跟別人討論《鐵達尼號》的劇情時，我們可能會問：「你知道最後的結局是什麼嗎？」當我們去游泳時，我們可能會有「你知道怎麼游泳嗎」或者「你知道怎麼游自由式嗎」之類的問題。有些時候，我們走在路上會遇到一些外來旅客詢問我們：「你知道某某路怎麼走嗎？」考試結束後跟朋友討論題目時，可能會有「你知道這題的答案嗎」這樣的對話內容。如果我們經歷了上述的情境，當我說「我知道最終的結局」、「我知道怎麼游泳」或者「我知道這題的答案」時，我們所說的「知道」都是同樣的意思嗎？還是說，這些知道是不同的類型呢？

一般來說，哲學家們會將知識的類型區分為兩種，第一種是**能力知識**（knowing

### 哲學小詞典

➲ **知識論**（Epistemology）：一門探討知識本質、起源與範圍的學問。柏拉圖在其《對話錄》的〈泰顎提得斯〉（Theaetetus）一篇中，將知識定義為被證實的真實信念。後代對於透過理性或經驗獲得知識始終爭論不休，直至康德提出先驗知識與經驗知識，才調和二者。

how），第二種是**命題知識**（knowing that）。能力知識指的是我們擁有關於某種能力的知識，比如我們知道怎麼游泳、怎麼開車或怎麼投籃。這些「知道」指的是我們有游泳、開車及投籃的能力。命題知識則是指我們可以將我們的知識化為文字，用語句的形式說明我們的知識。比如說，我知道「國立中正大學在民雄」，我也知道「民雄在嘉義縣」。因此，如果我有某項命題知識，我可以將我的知識化為語句，而且這些語句有明確的真假值。有明確真假值的意思就是說，這個語句所談論到的內容要嘛是真的，要嘛是假的。比如說，如果國立中正大學真的在民雄，那麼「國立中正大學在民雄」這句話就是真的；反之，則是假的。

當然，我們有時候可能對某些事物同時擁有這兩種知識。比如我有關於投籃的能力知識，我可以很準確地將球投入籃框；在此同時，我也可以用語句描述怎麼樣才可以把球投入籃框，比如「投籃時全身要放鬆，跳起來以後身體重心要放在……」等等。在這種情況下，我可以同時擁有投籃的能力知識以及命題知識。同樣地，我們也可能只有其中一種知識。一個機車行的師傅可能擁有修理車子的能力知識，卻沒有修理車子的命題知識。這位師傅可能根本沒有念過物理學，不知道力學與能量之間的關係，無法說明修理車子時是根據怎樣的原理。相反地，一個大學主修機械工程的學



大師語錄　愚昧無知是一切痛苦之源。——尼采

生，也可能只有修理車子的命題知識，他知道力學與能量之間的關係，但是要動手實作時，卻不知道該如何是好。

在哲學上，哲學家們主要探討的知識類型是命題知識，因為要確認能力知識的有無是相對容易的。我們只要把一個人丟到水裡，就可以知道此人有沒有關於游泳的能力知識；我們只要把車子拆了交給對方，就可以知道對方有沒有組裝車子的能力知識。但是，我們要如何確認一個人有沒有關於某件事的命題知識呢？一個人要擁有命題知識，除了要有相關的**信念**（註6）之外，似乎還得滿足其他條件。顯然，我們不會因為一個人相信某件事情，就說他擁有關於某件事情的知識，比如我們不會因為張三相信地球是平的，就說張三有「地球是平的」這項知識。因此，「怎樣才算擁有（命題）知識」，就是我們接下來要面對的問題。

**圖解：知識的定義**

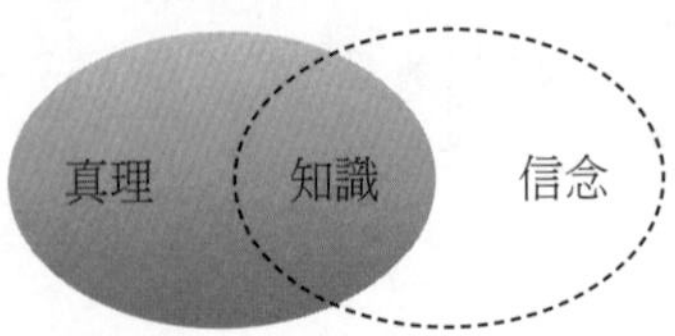


一個人可以在缺乏證據的情況下，仍然相信某事物的真實性，比如上帝。但知識除了被相信之外，還必須是真實的。

## 知識的條件：信念、事實與證據

我們先來想想看，日常生活中我們怎麼認定一個人擁有某項知識？比如說，今天張三在跟朋友李四聊棒球時，張三問李四：「你知道今天王建民有沒有拿勝投？」李四回答：「我知道喔，王建民今天拿勝投了。」此時，張三也許會直覺地問：「你怎麼知道？」為什麼張三會這樣問呢？顯然，我們很在乎一項訊息的真實性，而要知道一項訊息的真實性，我們通常會想知道這項訊息的來源。如果李四回答「我晚上作夢，夢到王建民拿勝投」，我們大概不會說李四擁有這項知識，因為我們通常不認為作夢是一個好的訊息來源。但是，如果李四說「因為我看了這場球賽，看到王建民拿勝投」，我們大概就會同意，他真的知道王建民今天拿了勝投。

上面這種對話模式，以及認定對方是否擁有知識的方式，是我們日常生活中時常可以見到的類型。從上面的對話中，我們似乎可以對「擁有知識」的條件做一些初步的分析。首先，當李四回答「我知道喔，王建民今天拿勝投了」，我們可以預設李四相信「王建民今天拿勝投」（不考慮李四說謊的情況），因為一個人要知道某件事，應該有一個先決條件是此人要相信那件事。如果我說「我知道桌上有五顆蘋果，

註❻ 信念是人的某種心理狀態，通常都是透過「我相信……」來表達。

但是我不相信桌上有五顆蘋果」，這樣的想法看起來是很奇怪的。接著，如果李四知道「王建民今天拿勝投」，我們會預設王建民今天真的拿了勝投，因為我們不太可能知道一件假的事情，比如我們不太可能知道「賓拉登是美國總統」。最後，要認定李四擁有這個知識，我們會要求知道李四獲得這個知識的來源。假設李四是夢到的，就算李四相信王建民今天拿勝投，以及王建民真的拿勝投了，我們也不會說李四知道王建民今天拿勝投，而可能會說李四只是運氣好猜到的。因此，在哲學上，要說一個人擁有某項知識，初步看來要滿足三個條件（註7）：**信念**、**事實**、**證據**。李四先要相信王建民拿勝投，而且王建民拿勝投是事實，同時李四有好的理由相信他的信念。符合這些條件以後，我們才會說李四「知道」王建民拿了勝投。

## ☼知識的來源

上述第三個條件「證據」是關於知識的來源。我們可能有許多來源支持我們的信念，比方從電視新聞、朋友告知、親眼所見、作夢、算命等。關於知識來源的討論，其實就是針對上述三個條件中的證據面的討論。怎樣的證據才算是好的、可靠的或者合理的證據，一直是哲學家們爭論不休的話題。尤其到了十八世紀之後，知識論

註❼ 哲學史上稱這三個條件為「知識三要件」。

的討論基本上就環繞在這個主題上爭論。有些人認為**感官經驗**（註8）已足夠作為合理的證據，有些人則認為證據的來源必須是從不可能出錯的**基礎知識**推導而來，比如從數學知識及邏輯知識推導而來的知識。

同樣地，這些問題到目前為止，也沒有一個讓所有人滿意的答案。甚至有哲學家認為，只有三個條件根本不足以描述知識的要件，我們還需要更多其他的要件，以確保一項訊息屬於知識。不論如何，知識論學者們就是透過研究上述這些問題，不停地在修正我們對於知識的理解與定義。

### （三）倫理學

在哲學上，對我們來說最熟悉的領域，大概非倫理學莫屬。不管我們是否讀過倫理學的相關討論或文章，我們無時無刻接觸著與倫理學有關的議題。人類是群居的生物，群居生物必定會慢慢產生**社會化**（註9）的相處方式，因為人與人之間必須要有所聯繫，有所關聯。既然人際之間必須有所關聯，自然而然就會有一些大家共同遵守的**規範**產生。這些規範讓人與人之間可以安定平穩地生活在一起，一旦有人違背了規範，此人將在很大程度上面臨他人的譴責及排斥。

註❽ 這裡是指人類所分別擁有的視覺、觸覺、嗅覺、聽覺、味覺等五種感官經驗。

註❾ 這裡的社會化是比較寬鬆的說法，沒有特定指人類這種高度的社會化。某些群居動物也具備某種程度的社會化，比方狼的族群裡就有階級的區分。

除了這些規範，人類還傾向於追求其他的東西。由於人類是一種心智能力高度成長的動物，因此對我們來說，除了生活之外，許多東西也是我們認為有價值的，比如說美的事物、善的事物。對「美」以及「善」的追求，常是人類在生存以外最重要的欲望，這些事物可以在很大程度上滿足人類心靈上的需求。

## ❂ 義務論與效益主義

早期的倫理學討論主題，主要是以善、美好、德性等概念作為對象。比如說，在古希臘時期，蘇格拉底詢問：「怎樣的人生才是美好的人生？」同時，根據柏拉圖《對話錄》的記載，蘇格拉底常詢問其他人什麼叫作正義？什麼叫作勇氣？有些哲學家認為「善」就是「快樂」，這一類想法被稱為「**快樂主義**」（hedonism）。快樂主義者認為追求善就是在追求快樂，我們應該過的人生就是追求快樂的人生。也有些哲學家認為善就是「幸福」。

近代倫理學探討的主題，已經轉向為更具體的議題，比如在十八世紀，德國哲

**哲學小詞典**

➲ **倫理學**（Ethics）：以哲學方法研究道德的一門學問，又稱道德哲學。「倫」涉及人際關係，「理」涉及行為規範，舉凡應該如何生活、道德是非與善惡標準等問題，都是倫理學探討的範疇。

學家康德（Immanuel Kant, 1724-1804）除了討論善以外，還提出著名的**義務論**（deontology），說明什麼叫作道德，並且提出一些自然原則，說明哪些行為是符合道德的行為（註10）。康德認為世界上存在有所謂客觀的道德原則，這些道德原則規範了我們的行為，我們有義務要遵守它們。而且，當我們在實踐這些道德原則時，必須僅是因為我們有義務要這麼做，這樣一來我們所做的行為才具有道德價值。換句話說，如果遵守道德規則的原因是因為這樣做對我有好處，我的行為便不具有任何道德價值。對康德來說，符合道德的行為，就是我們僅因自己的義務而去實踐的行為。

當然，所有的哲學理論都會有反對者。到了十九世紀，英國哲學家邊沁（Jeremy Bentham, 1748-1832）反對有所謂的客觀道德規則。他認為道德原則都是人為的，而符合道德的行為，其實就是可以為所有人帶來最大利益的行為。邊沁的主張就是大家所熟悉的**效益主義**（utilitarianism），他認為我們之所以要使用道德規則規範他人的行為，其實都只是為了要從這些行為中獲得利益。

我們可以從幾個例子看出義務論與效益主義的差別，比如說，假設我們同意「不能說謊」是一項道德原則，那麼對於康德來說，我們有義務不能說謊，而且這樣的義務，不是來自於不說謊會為我們帶來什麼好處，或者其他的價值，而是因為我們

註⑩ 關於康德的討論，週三〈重要人物與理論〉的「康德」一節將有更多的說明。

本身就有義務要遵守這個原則。但是對於邊沁來說，如果「不能說謊」是一項道德原則，那就表示「不能說謊」這項行為可以為我們帶來最大的利益，如果這項行為不能達成這個目的，它就不會是一項可以規範我們行為的道德原則。

## ✲ 規範倫理學

義務論與效益主義的爭論，是**規範倫理學**（normative ethics）的重要議題。讓我們來看看哲學史上最有名的電車案例（trolley problem），我們可以透過這個案例測試一下自己屬於哪個陣營。想像我們現在身處一台失控的電車上，張三是控制電車方向的車長，他剛剛接到一個不幸的消息，前方有兩條鐵軌A和B，塔台告訴張三，現在有五個人倒在鐵軌A上無法動彈，兩個人倒在鐵軌B上無法動彈。假設張三只有兩個選擇（註11），第一個選擇就是什麼都不做，讓電車照原本的路線往A行駛，這樣鐵軌上的五個人將會死亡。或者，張三可以讓電車往B鐵軌移動，造成B鐵軌上的兩個人死亡。請問，張三應該怎麼做，在道德上才是對的呢？如果你的選擇是張三什麼事都不要做，因為如果他轉向B，死亡的那兩個人就算是張三殺的，可是如果他什麼都不做，死亡的五個人本來就難逃一死，不能算在張三頭上。在這樣的思考下，你會比較偏向義務論的想法，認為我們有義務不能殺人，比起轉向殺死B鐵軌上的兩個人，什麼都不做比較沒有道德責任。如果你的選擇是張三應該轉向，將電車開上B鐵軌，因為這樣做可以降低死亡人數，這種思考方式則會偏向效益主義，認為最有效益的事情（降低死亡人數）才是道德上對的事情。

顯然，不同的立場會蘊含不同的後果，不論義務論或效益主義，各自都有其說服力，當然也各自有其問題，否則不會到現在依然沒有一個統一的理論產生。

## 後設倫理學

倫理學領域除了上述所提及的規範倫理學之外，還有所謂的**後設倫理學**（metaethics）。後設倫理學討論的對象，是規範倫理學中的**理論**以及**語詞**。比如哲學家們分析在規範倫理學內所提到的道德語詞的作用，像是「善」與「惡」的意思是什麼，我們要如何使用這兩個語詞，我們如何認識道德責任、自由意志等「相關道德陳述」的「知識」，以及我們要根據哪些理由做出道德判斷，這些理由是否成立等等。這些問題大致上是後設倫理學探討的主題，當然我們不太可能進入這個領域深談細節，我們只需要知道，倫理學所探討的主題，其實不像我們一般想像的那般八股。後設倫理學領域的討論運用到了許多邏輯與語言學的資源，是一門很複雜的學問。

註⓫ 不考慮其他可能情況，張三必然只有兩種選擇。

# 3分鐘重點回顧

❶ 目前社會的刻板印象，普遍認為哲學屬於很抽象的學問，有些人甚至將哲學與算命畫上等號，但哲學實際上可以是一門很具體的學問，運用許多邏輯與日常生活直覺當作資源來討論問題。

❷ 哲學根據其字源 philosophy，意思是熱愛智慧，因此我們不需要認為哲學家不同於一般人，事實上，只要勤於探問，任何人都可以是哲學家。

❸ 哲學探討的主題因地點與文化的不同而有差異，比如印度哲學受其宗教思想影響甚鉅；中國哲學著重人與政治的討論；西方哲學則含有大量的邏輯與日常觀察。

❹ 哲學探討的主題很多，幾乎所有令人感到困擾的問題，一開始都算是哲學問題。我們時常可以在其他學科中找到哲學的痕跡。

❺ 哲學論證以邏輯作為其主要的論證形式。一般來說，邏輯論證有兩種形式：演繹論證、歸納論證。演繹論證是最嚴謹的論證形式，一個合格的演繹論證，如果前提是正確的，那麼結論必定是正確的。歸納論證則沒有上述這項性質。

❻ 西方哲學的三大基本問題為形上學、知識論及倫理學。

❼ 形上學討論的目的，在於透過哲學論述來破除表象，進而獲得表象背後的實在，或者說，真理。

❽ 知識論主要探討知識的三個面向：知識的類型、知識的條件、知識的來源。後面兩個面向特別受到哲學家的重視。

❾ 擁有知識的三個要件：信念、事實、證據。

❿ 倫理學與日常生活關聯密切。我們常使用許多道德語詞，比如善與惡、對與錯，倫理學討論就在於幫助我們釐清日常生活中使用的這些道德語詞的意思是什麼，並且試圖透過理論，提供我們行為的導引。

Day 02
Tuesday

星期二

# 起源與發展脈絡

-History-

每當我們想要了解某項事物時，從這項事物的歷史著手，往往可以找到許多讓人著迷的豐碩成果。哲學的歷史起源於人對世界的好奇心，人們以創造力與想像力作為畫筆，在這張名為「世界」的畫布上，留下了充滿智慧的不朽色彩。

# 哲學從發軔到開展，歷經哪些重要階段？——哲學的起源與發展

## 蘇格拉底之前　西洋哲學的宇宙論時期

一般認為**神話**是古希臘文化的起源。古希臘人大多不是原住民；原始希臘人是北方的亞利安人，原本是游牧民族，經由與其他北方民族的衝突之後，輾轉南遷，後來定居於巴爾幹半島。這些希臘人的先祖到了巴爾幹半島之後，無法再從事平常的游

牧與掠奪生活，因為此地資源貧乏，往東或往南又將遭遇到大河文化所孕育出的強盛帝國。為了生存下去，希臘人必須改變自己的生活型態，由游牧民族轉為農業文化。因此，他們需要透過神話，為當時的情勢提供一個適合發展定居文化的世界觀，穩定自己以及人民的心情。

## （一）神與命運

神話的發展成為希臘多元社會的基石。從荷馬史詩中，我們可以看到希臘人對神明的態度不同於東方文明：東方文明對神明的態度是虔敬且畏懼的，但希臘人將神明看作是擁有超自然力量的人，祂們跟我們一樣有各式各樣鮮明的個性。在古希臘時期，人們認為神明不但外表跟人差不多，也跟人一樣會有欲望；神明會偷拐搶騙，甚至爭風吃醋。希臘時期許許多多的戰爭，時常被描述成神與神之間的爭執。此時期的各種思想都起源於**神與命運**，人們認為人生許多事都是命中註定，不論人或神都無法逃避命運的安排。這樣的想法賦予希臘人面對各種事物的勇氣，對他們來說，既然凡事都是命運的安排，我們就不需要畏懼任何事情。

這樣的想法控制了早期希臘人的思想體系，但是這種浪漫的思想體系也慢慢開





大師語錄　投入哲學的第一步就是懷疑。——狄德羅

始受到挑戰，人們基於對理性及真實的渴求，已經無法滿足於這種神話和宿命式的世界觀。在開始與附近國家發展經濟且頻繁互動之後，希臘文化輸入了一些外來文化，例如埃及人的數學及巴比倫人的天文學。這些東方異文化的輸入，不但使得希臘人開始意識到基本的自然規則，也動搖了他們神話式的世界觀。早先，當人們問起世界起源和人生目的時，希臘人的答案最終只能回到神與命運。但是，當他們開始透過某些技術掌握世界的規則時，他們認為自己可以創造自己的命運，可以知道一些原來只有神明才能知道的事情。

早期希臘哲學的進路，是從對宇宙的關注演進到對人的關注。之所以有這樣的順序，其實不難理解，不管在任何文化中，「人」都是最重要的組成分子，因此對人的關注是最基本也最必要的。但是，為了能夠解決人生問題，我們必須能夠先說明宇宙以及這個世界的基本問題，因為人類身處於這個宇宙之中，必定得依循著宇宙與世界的規律而生存，早期的希臘哲人因此進入了哲學的宇宙論時期。對這些富有創意及想像力的早期希臘哲人來說，神話思想必須排除，並

## 名家軼事

哲學之父泰利斯是名成功的商人。據說某次他用騾子運鹽過溪，其中一頭騾子在溪中滑跤，鹽溶解了許多，騾子因而減輕不少負擔，於是這頭騾子每次過溪便刻意滑倒。泰利斯為了改善其惡習，讓牠改馱海綿，海綿吸水後重量倍增，騾子再也不敢偷懶了。

以知性來探索智慧；下一步才是藉由對於世界以及世界規則的掌握，說明人際間的相處及規範。

## （二）米利都學派：宇宙的本質是「水」

前蘇時期被認為是哲學萌芽的時代。在希臘諸島中，第一個提出哲學問題的是米勒島，而米勒島上的**泰利斯**（Thales, 624-546 B.C.）則被公認為希臘最早的哲學家，亞里斯多德稱其為「哲學之父」。泰利斯是第一個以哲學思考打破神話的哲學家，他曾經問了一個哲學史上的重要問題：「構成宇宙萬物的最基本物質是什麼？」泰利斯認為這個問題不能用神話來解釋與說明，而主張我們應該透過理性獲得這個問題的答案。早先的希臘哲學為了擺脫神話及命運等抽象概念的影響，開始進入物理論（註1）時期，認為宇宙所有東西都是透過具有實體的物質所組成。泰利斯經由觀察之後，提出「水」才是構成宇宙萬物的最基本物質。這樣的想法是透過非常素樸的世界觀而來，在當時的希臘，水同時象徵了力量以及生命。巴爾幹半島三面環海，希臘人臨海而居，自小便見識過大海的力量，不論是孕育生命或者消滅生命。因此，對泰利斯來說，水是世界上最重要也最基本的物質，任何事物的生與滅都離不開水。泰利斯

註❶ 萬事萬物都是由物質所構成。

的學生**阿那克希曼德**（Anaximandros, 610-546 B.C.）以及**阿那克希美尼**（Anaximenes, 585-528 B.C.）都繼承了泰利斯的物理論思想，但前者認為最基本的組成是「**無限**」（apeiron）（註2），後者則認為是「**氣**」。

泰利斯師徒三人被稱為「**米利都學派**」（Miletus），希臘哲學由這三人拉開序幕。米利都學派在當時給出了一個重要的哲學問題：「什麼是宇宙的起源與基本結構？」在米利都學派之後，前蘇格拉底時期的希臘哲學開始進入哲學史上第一次的理論競爭期，各個學派之間各自透過理性及觀察說明此基本問題，這樣的哲學論述與競爭，也為後來的西方哲學埋下重要基礎。

### （三）畢達哥拉斯學派：宇宙的本質是「數」

儘管當時米利都學派盛行，許多思想家都認為宇宙的基本成分必定是具有實體的物質，但**畢達哥拉斯**（註3）（Pythagoras, 570-469 B.C.）卻不這麼認為。畢達哥拉斯

**名家軼事**

古希臘哲學家赫拉克利特是一位擅長使用譬喻的哲學家，他曾這麼說道：「最聰明的人和神相比，無論在智慧、美麗和其他方面，都像一隻猴子，而最美麗的猴子和人類相比，也是醜陋的。」

可以說是當時最著迷於數學的哲學家，他認為數學才是世界上最能夠說明真理的東西。「**數**」代表著秩序，世界上所有物質都是某種秩序的展現，因此，所有物質都是已被「秩序化」的產物。已被秩序化的產物不會是構成宇宙的最基本成分，必定要有一個能夠產生秩序的東西先於這些產物，而他認為「數」才是最基本的成分。數必定先於物質，物質有了秩序之後，才開始產生諸如水、火、土、氣等元素。

米利都學派以及畢達哥拉斯學派各自說明宇宙的基本組成，並且為這樣的說明提供了物理論及非物理論的典範，接下來的哲學家們在論述宇宙的基本組成時，大致上也都不脫離這些典範。

## （四）赫拉克利特：宇宙的本質是「火」

在米利都學派與畢達哥拉斯各自論述了宇宙起源後，**赫拉克利特**（Herakleitos, 544-484 B.C）融合了兩者的主張，提出一套自己的哲學論述。他是一個擅長使用隱喻的哲學家，認為自然本身就是一個很大的謎題，而且很少人能夠解開這個謎題。赫拉克利特透過觀察，得出「**變化**」才是萬事萬物的真正本質。由於受到米利都學派思想的影響，赫拉克利特主張「**火**」才是宇宙的本質。但是不同於米利都學派對於自然元

註❷ 阿那克希曼德認為「無限」創造了水、火、土、氣這些元素，這些元素構成了世界，因此他依然算是繼承泰利斯的物理論想法。
註❸ 畢氏定理的創始人。

素的使用方式，他不主張火是一種物質；反之，他對於「火」這個自然元素的使用方式偏向畢達哥拉斯的想法，認為「火」代表著變化以及秩序。透過觀察，我們會發現火不停地流轉與閃爍，幾乎沒有一個時刻與上一個時刻維持相同的樣貌；同樣地，世界也在不停地變化。赫拉克利特有句名言：「人不能走過同一條河流兩次。」河流中的水不斷在移動，等到你第二次走過時，踩過的水必定已經不是第一次踩過的那些水。雖然赫拉克利特主張世界不停地在變化，但他依然認為世界是永恆的，而他正是藉由「世界不停地在變化」這個原理，說明世界永恆的特質。

### （五）伊利亞學派

此外，前蘇時期有另外一個著名學派**伊利亞**（Elea）學派，一般認為由**色諾芬**（Xenophanes, 570-475 B.C.）所創。色諾芬是首位公開批評將神擬人化的哲學家，他批評人們以自己的性格與形象特徵來描繪神明，如果馬有手的話，就會將神明畫成馬

**名家軼事**

智者學派創始人普羅達哥拉斯曾說「人是萬物的尺度」，這句話將人提到了很高的地位，哲學家蒙田對此提出質疑，曾不服地說道：「他編了一個令人難以置信的故事，把人當作物的尺度，卻從來不曾量一量他自己。」

的樣子；如果獅子有手的話，就會將神明畫成獅子的樣子。色諾芬認為所有對神的描述都是假象，沒有真正描述到事實。他認為神是「唯一的」，沒有其他神了。神永恆地處於一個地方，永遠不會動，並且主宰一切。其弟子**巴門尼德**（Parmenides, 540-470 B.C.）以及再傳弟子**齊諾**（Zenon, 490-430 B.C）將色諾芬的想法推得更遠。巴門尼德認為我們沒辦法觀察到世界的樣貌，就算目前我們親眼所見的世界，也不是真實的世界，因為我們總是透過想像刻畫這個世界，這就好像我們透過想像刻畫神明一樣。值得注意的是，巴門尼德並非否認有真實的世界，事實上他認為存在一個永恆不變的真實世界，因為所有東西都不可能從無到有。如果一個東西存在，這個東西必定自古以來就以固定的方式存在。

## （六）智者學派

伊利亞學派的想法很大程度影響了後來的**智者學派**（Sophistes）。智者學派的創始人**普羅達哥拉斯**（Protagoras, 481-411 B.C.）曾經說過：「人是萬物的尺度。」他批評先前主張有客觀真理的哲學思想家，並主張根本沒有客觀的方式可以獲得真理，所有對於真實的描述都是人們的主觀看法，真理乃是相對於人的主觀判斷。他以人是尺

大師語錄　每個問題都有兩個面向。——普羅達哥拉斯

度說明人們只能依照自己的眼光來看待世界，所謂的真理與正義都只是為了當權者的利益而服務，只有強權的真理與正義，沒有客觀的真理與正義。智者學派透過其新穎的哲學思想，受到當時許多年輕人的愛戴。

到了智者學派之後，我們會發現哲學家開始將討論重心從對宇宙的探討，轉移到對辯論的研究及語言的使用。慢慢地，愈來愈少哲學家討論宇宙論與世界觀，此時的哲學討論愈來愈靠近人與社會。辯士（Sophistes）開始興起，因為希臘社會在此時產生劇烈變化，各種社會階級產生之際，時常造成不同階級之間的衝突。思想家們開始處理人的問題，辯論社會以及政治議題，研究政治語言。他們希望透過**辯論術**與**邏輯思辨**來打敗對手，藉以表現出自己比他人更有智慧。由於宇宙論時期各個哲學家對於宇宙生成往往有相互衝突的理解，無法滿足當時希臘人對於知識的渴求，他們因此需要一個新的哲學思維。哲學討論於是從探討宇宙組成的**宇宙論**時期，轉變為探討人與社會的**人事論**時期。

雅典與三位哲人

## 西洋哲學的人事論時期

在蘇格拉底以前，我們可以理解到希臘哲學的演進，一開始是對於希臘神話的反思。當人們已經無法滿足於神話所帶來的世界觀之後，人們希望能夠透過理性來了解世界的樣貌，最早期的哲學思想於焉誕生。泰利斯之後，各種不同的宇宙論學說與起，知識分子致力於描述宇宙的結構，也因此為後來的西方哲學立下基礎。此時期的哲學思想不以人為對象，不處理人生課題，也不碰觸政治與倫理議題。

在希臘城邦愈來愈蓬勃發展之後，與人相關的課題開始為人重視。尤其當時各種關於宇宙起源的理論互相衝突，無法給人一個滿意的答案，人們開始厭倦探討宇宙的課題，紛紛將心思轉往「人」的身上。智者學派是第一個衝擊當時傳統哲學思維的派別，當那些探討宇宙論的哲學家們，主張自己擁有關於世界及宇宙的「知識」時，這群辯士不以為然，認為那些知識不過是透過各自的觀點所得出的假象，這個世界不存在有真正的知識。



大師語錄　未經反省的人生不值得活。——蘇格拉底在這種思想蔓延開來之後，當時希臘雅典的政治法律、道德倫理等傳統制度面臨瓦解的命運。人們再也不相信這些制度具有客觀的規範力，一切規定都只是人們出於自身的觀點，為了自身的利益所訂下的規範。人們不再相信有所謂的「知識」。此時的希臘面臨了思想與文化的混亂，而**蘇格拉底**（Socrates, 469-399 B.C.）正是在這樣的脈絡下崛起的。

## （一）蘇格拉底

蘇格拉底不同於當時的傳統哲學家，他並不主張任何哲學立場與哲學理論。他認為我們應該要對自己有所了解——我們應該要「了解自己的無知」。儘管如此，蘇格拉底不會因此認為自己不擁有智慧；相反地，他是個很有自信的人，因為他知道這世界大多數的人都不了解自己的無知，所以在這一點上，他比這些人還要有智慧。蘇格拉底相信有客觀的道德價值與客觀的知識，因此他不認同智者學派的想法，認為我們可以不斷地透過辯證法（註4）獲得或接近這些客觀的知識。同時，辯證法也是他用來面對辯士的最佳武器。

### 名家軼事

曾經有位青年問蘇格拉底：「怎樣才能獲得知識？」蘇格拉底將他帶至海裡，讓海水淹沒他，他經過一番掙扎才探頭出水面。蘇格拉底問這個年輕人：「你在水裡最大的願望是什麼？」年輕人說：「當然是呼吸新鮮空氣啦！」蘇格拉底隨即回道：「對！學習就得這樣使勁兒。」

對於蘇格拉底來說，要擁有智慧必須通過兩個步驟，第一個步驟是**質疑**，即質疑我們的所學所知；第二個步驟則是**透過自己的內心**尋求真正的答案。蘇格拉底最廣為人知的一項活動，就是在雅典的市集上和那些自認為有智慧的人討論哲學問題，或者說，詰問他們各種問題（註5），並且質疑他們的答案。蘇格拉底透過不停地提問，迫使對方去尋求解答，接著從對方的回答中找出漏洞，讓對方了解到自己並不像自己所宣稱的這麼有智慧。我們可以說，蘇格拉底本身就是一個很出色的辯士，只是他與智者學派的辯士們不同，差別在於蘇格拉底相信有客觀的知識。

西元前三九九年，蘇格拉底被控「不信神與腐化學子的心靈」，遭判處死刑。當時的法官受到許多反對蘇格拉底的人士慫恿，認為蘇格拉底每天在市集蠱惑青年學子的心靈，要他們質疑現有知識與傳統道德，這些行徑將使青年學子們墮落。儘管這些指控不是事實，蘇格拉底甚至認為自己是神的使者，被派來雅典傳授知識，他仍舊欣然地接受審判，並在不久後遭到處決。處決之前，蘇格拉底其實有機會逃離監獄，不過他拒絕了弟子的安排。對他來說，不管他是否遭到汙衊，既然被判了死刑，就應該遵守城邦的法令。法律是不能夠違背的，逃獄不是一項正當的行為。蘇格拉底死前是平靜的，他認為自己已經盡了該做的事情，同時他相信靈魂不會毀滅，且對死後的

註❹ 透過不斷地提出問題，以讓對方理解到自己想法的盲點。
註❺ 他常會詢問「什麼是正義」、「什麼是知識」、「什麼是道德」等問題。

世界充滿了美好的想像。

## （二）柏拉圖

蘇格拉底本身沒有任何著作傳世，幸好，他有個幾乎可以說是最優秀的弟子**柏拉圖**（Plato, 427-347 B.C.），將蘇的思想及與他人的對話做了許多紀錄。有人說柏拉圖是西方哲學最偉大的作家，如果沒有柏拉圖幫他的老師蘇格拉底寫下紀錄，西方哲學不會有現今的規模及重要性。柏拉圖在他的著作《對話錄》中記載了許多蘇格拉底的思想，從這本書我們可以看出柏拉圖對於蘇格拉底的尊敬及推崇。儘管到了後來，人們已經漸漸看出《對話錄》中許多蘇格拉底的思想與論述，事實上是柏拉圖自己的想法，柏拉圖依然將這些哲學思想歸屬於他的老師。在蘇格拉底被判處死刑後，柏拉圖對政治感到絕望，於是離開雅典，開始他的尋找知識之旅。回到雅典之後，他創立了學院（Academy）。學院的原始創立動機，在於保存柏拉圖自己以及蘇格拉底的思想，並且期望教育出能夠傳承他們思想的學生。這所學院因此成為西

### 名家軼事

柏拉圖出生於雅典貴族家庭，從小就接受完善教育。二十歲時拜蘇格拉底為師，眼見恩師晚年受誣遭到處決，柏拉圖對雅典的民主政治心生反感，於是長期遊歷國外，直到四十歲才歸來，開辦學院（academy），選擇採用新方法培育政治家，以實現自己的教育理想。學院可說是西方最早的高等教育機構。

方第一個具有完整規畫的高學歷組織。

### ✲柏拉圖的政治哲學思想

柏拉圖的政治哲學思想，很大一部分受到了蘇格拉底之死所影響。當時的雅典實行**民主制度**，雅典公民具有政治參與權，而蘇格拉底正是死於這樣的制度底下。這很大程度使得柏拉圖對民主制度產生了不信任感，並且對民主制度做出許多批判，他認為真正值得推崇的制度應該是**君主制度**。他提出一個類比說明他的主張：當我們生病時，我們應該去看醫生，還是詢問大家該怎麼辦？顯然，我們的答案會是看醫生。我們之所以認為要看醫生，是因為醫學是一門專業的學科，我們必須找專家幫助我們解決問題。同樣地，政治也是一門專業學科，我們必須讓那些擁有政治專業的人幫助我們解決問題，而不是交由所謂的「公民」共同決定國家的方針。讓公民決定國家政策，就像詢問大家要怎麼治病一樣荒謬。因此，柏拉圖在他的著作《理想國》中花了很大的篇幅，描寫一個真正值得採取的政治體制應該是獨裁專制，並且應該交由**哲學**



大師語錄　不知自己的無知，是雙倍的無知。——柏拉圖家管理；同時，不採取世襲制，每一任君主都要透過一道嚴謹的程序來選擇。

### ✲柏拉圖的形上學主張

柏拉圖的形上學主張也是從蘇格拉底的思想中傳承而來。他承認有一個客觀且完美的**理型**（Form）**世界**，理型世界真正實現了完美，以及永恆的世界，一切的觀念及真理皆出自於此。他用「**洞穴預言**」說明這樣的主張：想像一群人從出生開始就被關在一個洞穴裡，只能望著面前的穴壁，無法動彈。這群人的身後燃著一團熊熊烈火，而烈火使得他們可以看清穴壁，以及投射在穴壁上的影像。穴壁上有許許多多的黑影在晃動，這些黑影各有各的形貌，栩栩如生。對這些人來說，由於他們從出生就一直保持這樣的處境，因此穴壁上的黑影就是他們所認知到的世界。對他們來說，那些就是真實。但是，身為旁觀者，我們知道那些黑影只是投射而已，真正的東西不是那個樣子。一旦這些人能夠脫離並了解他們身處的情境，他們就可以了解世界真正的樣貌。我們現在所處的現實世界，只是理型世界的投射，就像洞穴中所看到的黑影一樣。現實世界裡的所有事物，都是理型世界的複製品，是次等的，不但有缺陷，而且也不真實。這樣的想法被稱為**柏拉圖主義**（Platonism）。柏拉圖認為只有哲學家才能夠擺脫枷鎖，走出洞穴，認識到真正的世界，這也呼應了他的政治哲學主張——哲學家才是最有資格管理眾人的人。

### ☼柏拉圖的知識論主張

蘇格拉底的哲學思想也影響柏拉圖的知識論主張。蘇格拉底認為我們應該先了解自己的無知，之後才能從我們的內心中尋求真正的知識。對柏拉圖來說，知識就蘊藏在我們的靈魂裡。因此，我們可以說柏拉圖認為**知識是天生下來就有的**。為什麼我們天生就擁有知識呢？柏拉圖認為每一個人在出生前，其靈魂都處於理型世界，而理型世界又是一切觀念與真理的發源地，因此在我們出生之後，我們的靈魂也將這些知識一起帶來現實世界。如果我們要發掘真理及知識，只能透過發掘我們的靈魂來達到這樣的目的。

## （三）亞里斯多德

如果說柏拉圖是他的老師（蘇格拉底）最堅定的擁護者，那麼**亞里斯多德**（Aristotle, 384-322 B.C.）就是他的老師（柏拉圖）最堅定的反對者。亞里斯多德跟



大師語錄 吾愛吾師，吾更愛真理。——亞里斯多德

隨柏拉圖二十多年，儘管他十分尊敬柏拉圖，但柏拉圖的許多哲學思想是亞里斯多德無法接受的。柏拉圖認為真正具有價值的事物是存在於理型世界的東西，但對於亞里斯多德來說，不管理型世界是否真的存在，我們都不應該花時間去追求那個世界。反之，我們應該將注意力放在**現實世界**，因為現實世界才是我們真正生活的地方。因此，亞里斯多德認為現實世界才是具有價值、值得我們關懷的世界。柏拉圖認為理型世界才有真正的實在；亞里斯多德反對這一點，認為實在應該處於現實世界中。

從上述的想法，我們可以了解亞里斯多德將其心力放在對於現實世界的關注上。亞里斯多德幾乎可說是世界上第一個、甚至是最偉大的科學家。基於亞氏對世界的關懷，他幾乎學習了所有有助我們了解世界的學科。他不但是個哲學家，還是個歷史學家、天文學家、心理學家、物理學家、化學家、生物學家，甚至是邏輯學家。除此之外，目前我們對於前蘇格拉底時期哲學家的了解，幾乎都是出於亞里斯多德之手。他對於早期的哲學思想做了許多整理及考察，我們可以

**名家軼事**

亞里斯多德在柏拉圖的學院裡求學二十餘年，由於才思敏捷，十分受柏拉圖的青睞。然而，亞里斯多德並不認同柏拉圖觀念論的想法，從而提出實在論（realism）加以反駁。柏拉圖還曾因此提醒他說：「要給你的思想戴上韁繩了，不然你會愈跑愈遠！」後來，亞里斯多德也創辦了學校呂克昂（Lyceum）。

說他在西洋哲學的傳承中扮演了關鍵性角色。

### 人與自然，兩者並重

早期希臘宇宙論時期，哲學家們關注自然事物與世界的生成；到了人事論時期，人們開始將思考重心放在人的身上，討論政治與道德問題。到了亞里斯多德之後，他認為我們不需要將兩者區分得這麼開。「人」很重要，但是人生活在自然環境之中，所以我們不能夠僅關注人或者自然，而應該兩者並重。因此，亞里斯多德期望透過人與自然之間的關係，發展出一套適當的理論，說明人性以及自然的本質。

### 四因說

亞里斯多德認為萬事萬物都有其固有本質，人有身為人的本質，石頭也有身為石頭的本質。正是因為本質的存在，我們因此可以對事物做出區別。想要了解與認識事物，必須從事物的本質著手，唯有如此才能夠獲得真正的知識。亞里斯多德從這樣的想法出發，發展了他著名的**四因說**（the four causes），認為我們可以從四個面向，分別是**質料因**（the material cause）、**形式因**（the formal cause）、**動力因**（the efficient cause）、目的因（the final cause）來了解事物的本質。舉例來說，一張桌子如果是木頭做的，那麼木頭就是這張桌子的質料因。一個木頭要變成桌子，一定要有桌子的形式，因此桌子的形式是這張桌子的形式因。木頭不會自己變成桌子，一定要有外界的力量加入，此力量的來源就是動力因。最後，一張桌子要能夠平穩地放東西才是好桌子，因此平穩地放東西是其目的因。亞里斯多德認為，所有事物都能透過這四種面向來了解其本質，再以此為出發點去獲得知識。

### ✲神存在

雖然亞里斯多德是公認的偉大科學家，但西方科學的進展也因為亞里斯多德的偉大成就，從而裹足不前將近一千五百年。亞里斯多德的觀點（註6）被中古世紀的基督教會視為教條，使得往後的科學理論無法抬頭。值得注意的是，亞里斯多德是目前西洋哲學史上，第一個論證神存在的哲學家。他認為宇宙萬物所有的變化都需要有一個原因，這些原因推動著這些變化的進行，但是我們不可能一直往後探詢原因，因為不論如何，最後我們一定會停留在一個最初的、第一個原因上，這個原因是所有變化的來源，其本身不是被其他原因所推動，這個原因就是所謂的「神」。於是，他將神

註❻ 地球中心說、以太學說等。

定義為「**第一不動的動者**」，神是所有原因的推動者，而且神本身不會被推動。如此一來我們就不難理解，為什麼中古世紀的基督教會對於亞里斯多德這般推崇。儘管亞里斯多德所談論的神，並不是中世紀教會口中所討論的具有「人性」的神，但是對於教會來說，他們只要「神存在」這個結論就夠了。

蘇格拉底、柏拉圖以及亞里斯多德並稱為希臘三哲人，整個西洋哲學史探討的議題，也在這三人之後大致奠下了基礎。後世甚至有「**整個西洋哲學史都只不過是柏拉圖的註腳**」一說，從這句話不難看出希臘三哲對於西洋哲學後續發展的影響。

希臘化時期

## 西洋哲學的倫理學時期

西方哲學的希臘化時期，大約是從亞里斯多德歿後開始，一直到基督教成為中世紀最有力量的宗教之前，約為亞歷山大帝國（註7）成立到羅馬帝國成立的六百年期間。後世哲學家認為這段時期是西方哲學**最衰微的時期**，不論是希臘三哲的後繼者或者新思想的開創者，其思想終究無法超越希臘三哲所產生的哲學典範。此時期的哲學

註❼ 亞歷山大（Alexander, 356-323 B.C.）曾經是亞里斯多德的學生，有人認為正因為亞里斯多德的博學與寬闊的視野，使得亞歷山大受到啟發，開啟了其征服歐洲大陸的野心，最終創建了亞歷山大帝國。

在討論的議題上，也較先前的時期有了很大的轉變。

## （一）西洋哲學的倫理學時期

之所以會有巨大的轉變，很大程度在於**政治因素**。希臘雅典原來是民主國家，直到亞歷山大帝國興起之後，希臘各城邦之間頓時成為被統治者，失去了原來所享有的政治自由。**民主制度的瓦解**，使得人們不再將心思放在形上學及知識論這類哲學範疇，轉而思考人生與幸福這一類的倫理學主題。

從先前的章節中，我們知道前蘇格拉底時期是以宇宙論為主的自然哲學時期，直到智者學派及之後的希臘三哲人時代，哲學思想從宇宙論轉為人事論時期。儘管如此，此時期的哲學家最主要關注的議題，還是知識論議題以及政治議題。也就是說，雖然此時期關注的對象比起先前更著重於人，但是討論更多的還是我們怎麼從人的身上獲得知識、怎樣的法律及規範才符合正義，以及我們要如何獲得關於世界的真理。我們可以說，比起個人，此時期更注重的是知識及團體。到了希臘化時期之後，基於政治與社會的動盪，人們不再像先前一樣享有穩定且自由的生活，除了受到帝制的束縛之外，戰爭也常成為人們恐懼不安的對象。因此，這一時期的人們認為，哲學應該要有更實質的作用，哲學的對象變成以個人為主，其目的在於如何透過哲學使人感到幸福與救贖。倫理學，尤其是人生的喜樂與幸福議題，變成此時期哲學家最主要的哲學思想領域。形上學及知識論的討論，都是為了滿足這些思想家們的倫理學主張，可以說這些哲學領域都是倫理學的附屬品。因此，我們可以將希臘化時期視為西洋哲學的倫理學時期。

## （二）斯多亞學派

希臘化時期的哲學思想主要是以學派為主，此時期最為著名的派別大致有四個：**芝諾**（Zeno, 360-264 B.C.）創立的**斯多亞**（Stoa）**學派**、**伊比鳩魯**（Epicurus, 341-271 B.C.）創立的**伊比鳩魯學派**、**皮羅**（Pyrrho, 360-270 B.C.）創立的**懷疑學派**（Skepsis），以及**普羅提諾**（Plotinus, 205-270 A.D）創立的**新柏拉圖主義**（Neo-Platonism）。接著讓我們稍微介紹這些學派的主要哲學思想。

斯多亞學派是希臘化哲學中流傳最久的學派，此學派最主要的原則就在於**順應天性**。對於斯多亞學派的學者來說，這個宇宙及世界必定順應著一個絕對的法則，這個法則控制著所有的活動，不論是自然界的活動或是人類的活動。因此，對於斯多亞



大師語錄　我們有兩只耳朵，一只嘴巴，所以我們應該多聽少說。——芝諾

學派來說，人沒有自由意志，宇宙中所有的事件都有其必然性；所有事情的發生皆非偶然，而是被**法則**及**神**所控制。這樣的想法可以用斯多亞學派的**唯物主義**觀點加以說明。唯物主義主張所有實體都是物質性的實體，而且所有事件都有其原因，這些原因皆是出於自然的法則，因此所有行為及活動皆是法則所預見的。

## ※順應人的天性：理性

有了上述的了解，我們就不難想像斯多亞學派的倫理學觀點了。斯多亞學派認為最高的幸福就是順應天性，由於宇宙萬物都依循著必然的規則，因此人也不例外。但是，什麼是人的天性呢？斯多亞學派的答案是「**理性**」。不只人具有理性，理性是所有事物的根本，宇宙的法則也依循著理性而為。在當時那個政治動盪的年代，斯多亞學派認為人們之所以覺得生活痛苦，主要原因在於人們屏棄了理性，總是依靠感情過活。依感情而活，我們的生活開始充滿許多欲望。我們會在乎親情、友情、愛情，會因為事情不如我們的預想而感到失望、憤怒；我們會在乎財富、健康、榮耀。但是，斯多亞學派認為這些東西都是毫無意義的，因為在乎這些東西代表著我們不是依循理性，而是被感性所掌控。如果沒有依循理性行為，我們終究不可能感到幸福，因為這些欲望會束縛我們的心靈，使我們永遠為了欲望的追求而失去心靈的平靜。

### ☼ 如何透過理性獲得幸福？

那麼，我們要怎麼透過理性獲得幸福呢？對斯多亞學派的學者來說，萬事萬物都順應著理性法則而行為，只要了解這一點，我們就不必再強求那些無法滿足的欲望，因為對這個宇宙來說，所有事件都是必然的，我們渴望的東西不會因為我們的追求而獲得，也不會因為我們的不追求而失去。所有事件都順應著理性法則產生，如此一來我們將不再被情感驅使，面對一切行為及遭遇都可以順其自然，不會因此感到失望與憤怒，這樣我們就可以體驗幸福的人生。

有人認為，斯多亞學派的哲學思想，直接促成了後世**禁慾主義**的興起，甚至被早期的基督徒採用，成為中世紀時期基督教的核心教義。因為這種看似極端卻又能貼切感受人民痛苦的主張，斯多亞主義在當時的希臘羅馬地區受到許多苦難者的認同，並廣為流傳。

## （三）伊比鳩魯學派



大師語錄　神不足懼，死不足憂，禍苦易忍，福樂易求。——伊比鳩魯另外一個盛行於希臘化時期的**伊比鳩魯學派**，又被稱為「**快樂主義**」（hedonism）。此學派的學者們認為，人生的目的在於追求快樂，而且是個人的快樂，只有快樂的人生才能夠稱為幸福的人生。

### ☼幸福就是精神的平靜

伊比鳩魯學派的倫理學主張，主要被其形上學主張所支持。此學派的學者採取**原子論**（Atomism）的立場，認為宇宙萬物皆由原子所構成，原子不會消滅，而事物之間的差別在於原子的多寡，不同數量的原子構成了事物的不同性質。對於此學派的學者來說，事物之所以會運動，代表此事物還沒有達到完美的境界，因此需要透過外力幫助此物回到正軌。一旦達至完美境界，此物就會靜止不動了。伊比鳩魯學派之所以採取原子論觀點，主要在於破除當時社會的迷信與宗教思維，反對一切超自然的現象與經驗。他們認為我們可以依靠自己獲得幸福的人生，不需要去追求及敬畏超自然的力量。

從伊比鳩魯學派的原子論觀點出發，可以適切地說明什麼叫作幸福。伊比鳩魯學派的學者們認為，幸福就是**精神的平靜**，一旦精神不再被外物干涉，便能夠使人達到安靜自得的境界。別無所求之後，就可以成就幸福的人生。值得注意的是，對於此學派的學者來說，真正值得追求的幸福是**永恆的快樂**，只有永恆的快樂可以使人們感到平靜；短暫的快樂不但無法使人獲得幸福，還可能使人感受到痛苦。對伊比鳩魯學派的學者來說，短暫的快樂就是那些肉體上的快樂，因此他們也反對肉體的享受，主張我們應該為了幸福，追求精神上的快樂。

### ✲伊比鳩魯學派與斯多亞學派的不同

到目前為止，我們可以發現伊比鳩魯學派和斯多亞學派，在倫理學上的追求非常類似，只是兩學派透過不同的方式說明什麼叫作「幸福」。同樣地，透過上述的說明，我們也不難理解兩者雖然在倫理學上的追求類似，但斯多亞學派被後來的基督教所重視，伊比鳩魯學派反而不被採用，其中很大原因在於伊比鳩魯學派對於神及宗教的反對。

## （四）懷疑學派

與斯多亞學派及伊比鳩魯學派同時期，還有另外一個廣為人們擁護的學派：懷





大師語錄　懷疑是智慧的源頭。——笛卡兒

疑學派。懷疑學派的學者在思想上，十分類似於前蘇格拉底時期的智者學派，他們對於哲學理論感到懷疑，並且懷疑我們所擁有的知識。此學派的學者認為，不管是感官經驗或透過理性所獲得的知識，皆是不可靠的，因此我們不可能獲得任何關於世界的知識以及實在。懷疑學派的主張比起斯多亞學派更為極端，但是可以在當時的亂世擁有一定程度的支持者，必定有其具有說服力的地方。讓我們看看懷疑學派怎麼論述他們的主張。

## ❂感官經驗及理性皆不可靠

懷疑學派的學者認為，我們可以從古往今來的觀察中，得知我們的感官經驗以及理性都不可靠。不管是哪個時代的哲學思考，大多要仰賴對於事物的觀察以及理性的思慮。但是我們同樣身為人，必定擁有類似的觀察能力及理性能力，因此，如果感官經驗及理性都是可靠的，我們的哲學理論應該要能夠得出同樣的結論。換句話說，如果我們可以依靠感官經驗跟理性發掘真理，那麼世界上不應該存在著這許許多多不同的哲學理論，以及不同的真理；甚至，許多哲學理論之間還是互相矛盾的呢！這樣的現象對那些認為感官經驗及理性是可靠的人來說，是非常諷刺的。因此，懷疑學派的學者們主張，透過理性的哲學思辯不可能告訴我們真理，透過觀察所獲得的知識也不是真正的知識。

出於上述的想法，懷疑學派激發了他們的倫理學觀點。對此學派的學者來說，既然我們沒辦法獲得真理以及知識，我們也就不再需要去追求這些東西，只要能夠常保內心的平靜及自由就可以了。懷疑學派的學者要求人們拋棄內心所有的理想，只專注於滿足自己的需要。而且，我們不需要去思考應該如何行為，只需要依照自己內心所認定的方式行為，這樣就可以成就幸福的人生。

### ☼率性而為就是幸福

懷疑學派的倫理學觀點，看起來十分類似斯多亞學派和伊比鳩魯學派，但是其中有個很大的不同。斯多亞學派及伊比鳩魯學派所談論的幸福在於屏除欲望，以獲得心靈上的平靜。懷疑學派不要求人們屏除欲望，而是要人們順應自己內心的本性而行為，不需要對幸福或快樂懷抱某種特定的理想，如此一來就可以達到幸福的人生。

## （五）新柏拉圖主義



大師語錄 一切神確乎是莊嚴美麗的……是什麼使得祂們如此呢？是理智。——普羅提諾斯希臘哲學對接下來的中世紀基督教神學有相當深遠的影響，而介於兩者之間的哲學，則是由普羅提諾所創立的「**新柏拉圖主義**」。新柏拉圖主義承襲了柏拉圖主義中的「理型世界觀」，同時融合斯多亞學派的禁慾主義觀點。我們可以說，中世紀基督教哲學及倫理學之所以興起，完全是經由新柏拉圖主義作為推手。

## ✲ 肉體是靈魂的監牢

新柏拉圖主義突顯出柏拉圖主義的宗教面向，並且從神學的面向將柏拉圖主義做了更多的延伸。柏拉圖認為理型世界是所有觀念及真理的原點，而「**至善**」同樣存在於理型世界；新柏拉圖主義則是將「至善」詮釋為「**至高的心靈**」，並且主張這個心靈的擁有者就是上帝。受到柏拉圖主義的影響，新柏拉圖主義同樣認為人由靈魂及身體所構成，並且主張肉體是靈魂的監牢。我們大概可以推測，新柏拉圖主義的興起，使接下來的基督教哲學將柏拉圖所謂的理型世界看作是「天堂」，是至高心靈的居所，或者說是上帝的居所。靈魂因為受到肉體的囚禁，無法回到原來那完美的居所，因此，每個人的靈魂都傾向回到那一開始的地方，以基督教的語言來說，就是回到天堂。那麼，靈魂要怎麼回到那個完美居所呢？新柏拉圖主義採取了斯多亞學派的觀點，認為我們應該要透過禁慾，藉由杜絕欲望陶冶我們的靈魂，讓靈魂在肉體死亡後，回到原本那純淨美好的地方。

### 哲學與神學並行

希臘化哲學在新柏拉圖主義之後，可以視為希臘傳統哲學的衰微。希臘傳統哲學認為我們必須透過理性與反思獲得知識、認識世界，但是到了新柏拉圖主義之後，真理與知識的追求還包含有宗教上的實踐及對神的理解。如此一來，似乎宣告了「哲學」的殞落。接下來很長一段時間，所謂的中世紀哲學，大抵不脫宗教神學的研究，此時期的哲學討論大多也是為了服務神學理論。這種哲學與神學並行的處境，直到文藝復興時期之後，才漸漸有了突破。

## 中世紀哲學 西洋哲學與神學結合的時期

中世紀哲學的發展與結束，是一條很漫長的路程，大約從三世紀到十五世紀，



大師語錄 我們的心靈有著想要親近神的真實與萬物源起的欲望。——俄利根

也就是從希臘哲學的沒落，一直到文藝復興時期，期間約經歷一千兩百年。這一千兩百年也是天主教與基督教最為強盛的時期，教會幾乎統治了整個西方世界，教堂與神職人員的力量，一直到現在還保有一定的影響力。

## （一）興起原因

中世紀哲學的興起在歷史背景上，可以從兩個原因來理解：一個是**希臘哲學的式微**，一個是**猶太信仰的傳播**。

### ※希臘哲學的式微

希臘哲學的榮景從雅典開始，蘇格拉底及其弟子的活躍，開創了希臘哲學的盛行。直到希臘化時期，後世學者們無法走出希臘三哲人樹立的典範，希臘哲學的創造力與影響力因此裹足不前。雅典時期，人們期望透過形上學了解宇宙；希臘化時期，人們將哲學關注的重心放在倫理學。然而，再多的理論都需要實際觀察來佐證，也就是說，思想家們不論描述宇宙生成也好，描述幸福人生也好，其理論都需要有**科學的支持**。可惜的是，當時的科學背景與環境無法達成這個目的，因此所有的哲學理論都只能落入空談。各個派別的哲學家大肆宣揚自己的哲學思想，卻無法為他們的主張提供一個可靠的理論基礎。在科學無法跟上哲學腳步的情況下，哲學理論愈來愈不受到重視。希臘哲學開始不被人們當作追求知識的手段與工具，人們甚至不再願意討論那些高高在上的「智者的言論」。

## ☼猶太信仰的傳播

哲學問題是人類理性的結晶，也是人類天生就擁有的能力，因此在沒有科學支持的情況下，人們還是必須為這樣的困境找一個出口，古猶太人（註8）的信仰正好在這樣的背景下躍上檯面。與希臘人不同，猶太人在其歷史上不斷受到外來者的入侵，因此時常被迫遷移居住地。在這種居無定所、時常擔憂受怕的背景下，他們無法像希臘人那樣時常透過理性思考哲學問題。對這些希伯來人來說，他們殷切盼望獲得的就是「**從苦難中得到解脫**」。因此，信仰及救贖成為他們生存最重要也最關注的議題。在這樣的背景脈絡下，**理性**與**信仰**開始了具有歷史意義的結合。宗教信仰成為人們用來說明哲學理論的基礎，透過宗教，許多形上學及人生問題從而有了解答。與此同時，宗教也試圖透過哲學所標榜的理性思辯，堅固自己的理性基礎。透過哲學論述，



註❽ 古猶太人、希伯來人、以色列人在這篇文章的脈絡下，可以被當成同義字來理解。不論是基督教、天主教或伊斯蘭教，追尋其根本，這些宗教的源頭都與古猶太教脫不了關係。

傳教士與護教者擁有更多的工具可以向世人證明，自己所信仰的宗教並非只是情感上的訴求，而是透過嚴謹的哲學論述而生出的理性產物。

## （二）教父哲學

稍微描述了中世紀哲學與神學結合的脈絡之後，我們可以開始來看中世紀哲學如何演進。此時期的哲學演進過程大致可以分為兩個時期：前期是由傳教士所領導的**教父哲學**（Patristic Philosophy），以及由教會所領導的**經院哲學**（Scholasticism）（註9）。這兩個時期各自約盛行了六百年；教父哲學大約是從三世紀到九世紀，士林哲學緊接著從九世紀到十五世紀。前者可說是後者的準備期，而後者則將神學與哲學做出了最高度的結合。

所謂的教父，其實是指教會初期那些擁抱信仰的傳教士，這些人擁有十分聰明的頭腦，並且受到其信仰的陶冶而讓人們尊崇。在此時期，這些人被稱為**護教者**。雖然當時人們大致是以古猶太教作為信仰的出發點，但是如何詮釋教義經典（註10），在人與人之間卻有很大的不同。加上同時期尚有許多不同的宗教為人所傳，教父們為了駁斥異端學說，捍衛他們所承認的正統基督教信仰，因而致力於辯護其宗教信仰的**辯護**

**宗教學**。教父哲學時期的護教學派有三個最大的派別，分別是**希臘護教派**（the Greek Apologists）、**拉丁護教派**（the Latin Apologists）、**亞歷山大學派**（the Catechetical School）。

### 希臘護教派

希臘護教派的學者們，以希臘哲學的觀念作為他們護教的基礎，接受柏拉圖以及亞里斯多德的哲學觀，將柏拉圖的理型世界與亞里斯多德的第一因論證結合，用以說明上帝與最終的善。此派學者大多主張哲學跟信仰可以結合在一起，我們可以透過哲學說明神學，而且對這些人來說，神學比起哲學更高了一階。他們認為哲學是為了神學而存在，而真正的哲學只有在神學中才能被找到，所有的真理及知識皆來自於神的啟示。在這樣的觀點下，我們不難看出希臘護教派對於哲學的地位有一定程度的貶低，至少比起希臘時期的古典哲學，哲學的目標不再是真理，而是神。

### 拉丁護教派

希臘護教派在某種程度上還認同哲學的用處，並且認為哲學與信仰可以做出某種程度上的融合；相反地，拉丁護教派則反對古典哲學的重要性。對此派學者來說，

註❾ 又稱「士林哲學」、「教會學院哲學」。
註❿ 猶太教經典有新經與舊經之分；前者即現在的新約聖經，後者為舊約聖經。

正是因為古典哲學的學說紛紜，各種說法互相悖斥，才會造成現今許多異端學說的興起，以及對經典的怪異詮釋。此派學者認為，理性的唯一目的是讓人們理解神的存在及靈魂的不朽；人們透過理性說服他人，辯護自己的信仰。但理性的功能也就僅止於此，人們不可能透過理性認識上帝，只能透過信仰達到這個目的。真正的啟示與真理超出哲學的範疇，哲學只能夠代表人世的知識，而信仰可以讓我們獲得天上的知識。因此，對於拉丁護教派的學者來說，哲學與信仰永遠不可能互相調和，信仰必定比哲學還要高階。

### 亞歷山大學派

亞歷山大學派則遵循著新柏拉圖主義的傳統，認為柏拉圖哲學是通往基督教信仰的門徑，哲學思想乃是為了宗教而做的準備。我們可以透過哲學淨化我們的心靈，透過理性窺視通往上帝的道路。接著，在我們做好準備之後，便可以開始接受信仰。因此，對這一學派學者來說，哲學是有助我們進入神學及擁抱信仰的工具；同時，神學可以透過哲學獲得更好的說明，並說服更多的人投入宗教信仰。因此，理性與信仰兩者之間的關係，其實是相輔相成，兩者應該相提並論。比起希臘護教派，亞歷山大學派在更大程度上認同哲學的地位，主張哲學或信仰都可以讓人獲得知識，而且彼此之間可以互相提升，兩者屬於同等地位。

教父哲學雖然在哲學與神學的結合上扮演了重要角色，但此時期的傳教士們並沒有為哲學或神學建立一套完整的思想體系，也幾乎沒有透過著作形式將之流傳於世；多數思想與學說都是經由口說方式流傳各地。也因為如此，教父哲學時期雖然致力於宗教的傳承與詮釋，卻一直沒有辦法好好地將宗教力量擴大為整個政權。一直到九世紀之後，教會與傳教士開始積極建立教會體系，將傳教以及信仰、思想做了一整個制度化的結合，才開始讓宗教力量真正地掌控整個西方文化。

## （三）經院哲學

中世紀的神學發展，之所以會從教父哲學時期轉移到經院哲學時期，也有其歷史文化脈絡。在五到九世紀這段期間，羅馬帝國面臨著許許多多的戰爭，最終甚至被文化上更為落後的民族滅亡。此時期的人們已經無心傳教，各個教會與修院都致力於保存他們的文化遺產及宗教經典，並安排許多人力，修復與重新編輯這些宗教文化與神學思想的典籍。

## ✲傳教士的努力

在此時期從事編輯工作的人，大多是學院裡面的傳教士，這些傳教士的工作雖然壓抑了哲學自身的發展，但在教育上卻有極高的成就。我們知道，哲學與神學的融合在教父時期有了長足的努力及發展，可用以傳播神學知識及教育後代。其困境在於沒有系統，沒辦法良好地將這些思想傳達給下一世代。經院哲學時期正好在此時填補這個缺陷，傳教士們抄寫並翻譯舊書，再將這些內容傳授給學院裡面的學生。學生們閱讀教會篩選過的哲學理論，並且以保護和強化神學信仰為最終目的。經院哲學時期的傳教士們重視傳統與古代智慧，他們不再追求新的真理，因為對他們來說，聖經裡面的真理就是全部的真理，沒有其他新的真理了。這些傳教士需要做的事就是閱讀聖經、研究聖經，然後傳布聖經。為了傳布他們的信仰，他們會與異教徒辯論。為了辯論，他們需要有哲學的訓練，需要透過邏輯與理性為自己的信仰辯護。他們需要證明上帝存在。因此，這一時期許多傳教士都在學院內試圖透過哲學論證上帝存在，並以此作為傳教的基礎。這不但是為了說服那些無神論者，更是為了打敗異教徒。

## ☼ 多瑪斯．阿奎納

談到這裡，我們必定要提到一個人：**多瑪斯．阿奎納**（Thomas Aquinas, 1225-1274）。阿奎納絕對是經院哲學時期最重要的代表人物，我們可以說，阿奎納的一生就是致力於上述提到的工作。他想要向世人證明，基督教神學乃是立基於理性之上，所有的神學理論與信仰都可以透過哲學與理性做出完美的說明。阿奎納是亞里斯多德的信徒，採取亞氏的哲學觀點作為其神學基礎。亞里斯多德對於自然世界的看重，成為阿奎納神學思想的重要起點。他認為自然世界與超自然世界具有一個特定關聯，我們必須透過理性加以發掘這個關聯。由於自然世界反映了超自然世界的法則，因此，一旦我們掌握自然世界的法則，就可以進一步獲得超自然世界的知識。阿奎納在其著作《神學大全》（*Summa Theologica*）中高度說明了神學信仰的理性基礎，是當時基督教世界最重要的著作之一。

## ☼ 安瑟姆的本體論論證

證明上帝存在，是經院時期哲學家必須研究的課題。阿奎納當然也曾提出上帝



大師語錄　人的理性就像這世界的上帝。——阿奎納

存在的論證，他的論證以亞里斯多德的第一因論證為基礎，這邊不再贅述。此時期有許多的上帝存在論證，其中一個非常有趣的論證，是由素有「士林哲學之父」之稱的**安瑟姆**（**Anselm, 1033-1109**）所提出，這個論證又被稱為「**本體論論證**」（ontological argument）。他的論證大概是下列的形式：他認為上帝是完美的，因此上帝擁有所有完美的性質，而存在比不存在來得更完美，因此，上帝必定存在。這個論證透過邏輯及推論，得出了「上帝必定存在」這樣的結論，在當時說服了許多人，沒有任何一個人可以擊敗他（註11）。我不會在這邊多加描述其他的上帝存在論證，但是從上述我們可以知道，對於這些士林哲學家來說，僅僅透過信仰訴求人們相信上帝是不夠的，因此哲學中的邏輯與推論是他們一個很好的工具，用來說服人們堅定他們的信仰，或者，加入他們的信仰。

### ☼大學的興起

在經院哲學的全盛時期，各地開始成立大學體系。從十三世紀開始，首先成立了法國巴黎大學以及英國牛津大學，接著陸續成立劍橋、海德堡等許多著名大學。大學的興起，對當時的哲學與神學發展有顯著影響，許多有名的思想家也是透過這些大學體系產生。大學的設立不但有助於當時神學的發展，就算是對接下來的文藝復興時期以及近代哲學，也有不可抹滅的影響。我們甚至可以說，中世紀時期對西方哲學來說，最偉大的貢獻就是廣設大學這一類教育機構，使得後代的人們可以透過更有系統及更方便的方式來研究哲學，不再需要透過口語和散落的著作猜測前人的思想。

近代哲學

## 西洋哲學與科學結合的時期

十五世紀末，文藝復興傳遍歐洲，宣告了中世紀的結束以及新時代的來臨。文藝復興的概念最早起源於義大利，在十三、十四世紀，環地中海附近的城邦國家因為海上貿易興盛，使得人民愈來愈富有。當人民變得富有之後，他們因此擁有充足的物質資源；然而，人們通常想要得更多。在衣食無缺之際，富人開始將心思放在心靈的提升，於是，藝術創作與鑑賞成為他們陶冶心靈的新工具。此時期的人們考量的是自己身為「人」的需要，而非考量「神」的需要。上帝的意志不再是人們最重視的目標，人們開始重視個人素養，文學與藝術成為一個公民必備的基本能力。此時期對於



註⓫ 當然，現在已經有許多方法可以擊敗本體論論證，因為這個論證本身有一些隱藏的前提以及錯誤的推論。

「**人文**」的重視，又回到了中世紀以前的思潮，因此，文藝復興時期的興起又稱為人文主義的復興。

由於文藝復興強調人文面向，主要的支持者又是來自受過良好教育及高度文化陶養的知識分子與富人，這些人的力量很快地席捲了整個歐洲，讓西方世界快速進入此一人文主義思潮。人們不但因此重視個人的素養，同時也強調個人的尊嚴。生活的目的是為了實現自己的理想，而非為了榮耀上帝。在此思潮的影響下，**宗教革命**應運而生。

### （一）宗教革命

十六世紀初，為了反對中世紀以來教會一直為人詬病的贖罪券販賣，**馬丁路德**（Martin Luther, 1483-1546）的《九十五條論綱》（*The Ninety-Five Theses*）開啟了宗教革命的起點。馬丁路德相信販賣贖罪券已使宗教偏離原來的道路，這不是宗教行為，而是商業行為；而且，這是一種利用教徒對於死亡及末日的恐懼來圖利的行為。馬丁路德主張這樣的行為就像是在賄賂上帝，對上帝是一種褻瀆。除此之外，他強調信仰，尤其是**個人信仰**。在人文主義思潮下，他認為宗教需要的是堅定的信仰，而非制度化的體系與教條。於是，他反對以理性論證宗教的經院哲學體系，認為不論是信仰或上帝，都已超出理性所能描述的範圍。我們只能透過自身的經驗加以確立這些事物的存在，而不能透過理性來論證。

當然，宗教改革引發了教會的反對，教會也開始反宗教改革運動，兩方衝突持續了數十年。這段期間雖然造成了許多流血傷亡，但同時引起了廣泛的辯論。值得注意的是，這些關於宗教的辯論內容，大大地提高了當時的知識與學術涵養，也因此產生許多偉大的思想家和改革者。

## （二）科學革命

除了宗教革命，同樣受到文藝復興影響的還有科學革命。由於新數學工具的引進以及科學儀器的發明，科學理論開始有了長足進展，科學社群終於突破亞里斯多德傳統，邁入另外一個新的視野。

中世紀時期，教會長期擁抱亞里斯多德的科學傳統，打壓其他科學理論，使得科學發展裹足不前長達一千兩百多年，直到文藝復興及宗教革命後，教會的力量開始搖搖欲墜。自從哥白尼發表了太陽中心學說，人們對於教會的信心開始動搖。如果地

大師語錄　真理是時間的女兒，不是權威的女兒。——培根

球不是宇宙的中心，教會的整個信仰與知識體系將會因此瓦解，聖經與傳教士們不但不再是知識的來源，同時還有礙於我們獲得知識。

## ☼培根的貢獻

為了對抗教會所擁抱的亞里斯多德傳統，人們需要透過新的科學方法來支持新的科學理論，而且這個新的科學方法需要具備足夠的說服力。同時，不同於教會所主張的天啟知識（註12），新的科學方法可以讓所有人都了解，並且經由同樣的方法獲得相同的知識。新科學方法的創建人**培根**（Francis Bacon, 1561-1626），主張知識應該建立在**經驗**之上，我們應該透過**實驗**獲得經驗事實，並且將這些經驗事實透過「**歸納法**」得出一個具有普遍性的科學理論。

培根的成就在於將科學知識理論化及一般化。現代科學方法在此時被建立，人們開始重新檢視過去的科學知識，並利用新的儀器與數學工具，藉由科學實驗與觀察研究這個世界。有了這種新科學方法之後，科學不再是一門高高在上的學問，所有人都可以經由科學研究獲得知識與真理，不需要有出眾的智慧也能自行構造科學實驗。

在這種科學方法的薰陶下，開啟了人類史上第一次大規模的科學知識爆炸期。

## ☼科學革命對政治哲學的影響

科學革命對於近代哲學的影響，主要有兩個面向：**政治哲學**及**知識論**。我們先從科學革命對近代政治哲學的影響開始談起。十七世紀以前，西方的主要政治架構都是以封建制度及君主制度為主。尤其在中世紀時期，君權神授的觀念強烈地植入所有人民的心中。對於一個國家的人民來說，國王與教會領袖就是上帝的使者，上帝賦予其權力來統治人們，也賦予其知識。

科學革命正是要打破這種偶像崇拜的心理。新的科學方法使人們不需有出眾的智慧，也可以透過科學實驗與觀察獲得關於世界的知識。這種強調科學前人人平等的觀點，讓人們開始相信知識不是只有被神所選上的人才能擁有，甚至在新科學理論誕生之後，人們發現那些被神選上的人根本沒有真正的知識。於是，人們不再盲目崇拜國王與教會，君主的統治正當性遭到質疑，民眾開始懷疑國王是否真的擁有統治人民的權利。

科學革命在這樣的脈絡下動搖了教會及國王的力量，同時，文藝復興所帶來的人文主義思潮，也深深地烙印在人們心中。在這兩股力量的共同影響下，對於民主制

註⓬ 只有某些被神選上的人能夠獲得關於上帝及這個世界的知識，其他人的知識來源都必須透過這些人獲得。

度的需求再次躍上舞台，統治者的力量應該由人民賦予，而非上帝。值得注意的是，這次不只是雅典時期那種區分階級（註13）的民主制度，十七世紀許多思想家所提倡的民主制度，是真正不分階級、以民為主的主張。為了強調不分階級，此時期的政治哲學**重視自由與平等**，政治制度必須能夠**實現正義**，國家與統治者的存在，是為了**保障人民的基本權利**。

但是，我們要怎麼說明上述國家與人民之間的關係以及限制呢？**霍布斯**（Thomas Hobbes, 1588-1679）提供一個可能的說明，他認為國家與人民之間的關係是一**種無形的契約**，人民將自己一部分的權利讓渡給國家，交由國家為我們行使這些權利，因此國家可以統治人民，這些統治人民的權利是國民授與的。但是國家必須滿足人民的需要，也就是避免戰爭及保障人民的基本權利。這一類政治哲學思想（註14）在十八世紀蓬勃發展，進一步促成了後來的啟蒙運動、法國大革命、英國光榮革命，以及這段時期許多的政治社會運動。

## 科學革命對知識論的影響

除了政治哲學，科學革命對於知識論的影響是顯而易見的。當新的科學方法與科學理論出現之後，這些新知識瓦解了人們原來的知識體系。過去認定為知識及常識的事物，大多被證實是錯誤的，這個世界似乎不像聖經及教會所描述的那樣，人們頓時對知識產生了極大的不信任感與懷疑感。

這裡的懷疑與不信任，並不是指人們因此認為沒有客觀的知識存在，畢竟在科學革命之後，至少科學家們提供了許多具說服力且推翻原來錯誤信念的知識。這裡所說的懷疑感及不信任感，是指哲學家們普遍持有一種不輕易相信的態度，認為我們應該要有新的方法來辨認一項訊息是否算是知識。同時，我們要透過不斷地懷疑及驗證，確立我們所獲得的資訊。啟蒙運動就是在這樣的脈絡下開始發展，經由哥白尼、伽利略一直到牛頓，愈來愈多科學理論給予我們新的世界圖像。人們的信仰從宗教轉變為科學，更精確來說，轉變為理性。

### （三）啟蒙運動

科學革命後，隨之而來的啟蒙運動是場信仰理性的運動，**理性主義**（rationalism）成為此時期的文化特色。此時期的哲學家認為，只有理性與經驗可以帶給我們知識與真理，知識的獲得應獨立於宗教信仰，教會不再獨占科學的解釋權。

註⓭ 雅典時期，奴隸不擁有政治參與權。

註⓮ 其他有名的政治哲學思想家還有洛克（John Locke, 1632-1704）、孟德斯鳩（Montesquieu, 1689-1755）、盧梭（Rousseau, 1712-1778）等等。

## ※笛卡兒的理性主義

近代哲學之父**笛卡兒**是理性主義的先驅，啟蒙運動時期的理性主義者（註15）幾乎都受其影響。笛卡兒認為數學是最理性的一門學科，而驗證知識就像是驗證數學一樣：每個數學定理都需要透過更基本的數學公理加以證明；同樣地，每個知識也都需要透過更基本的基礎知識加以證明。

此外，笛卡兒認為，所有客觀的知識都必須以主觀的**自我**作為基礎；如果沒有主觀的自我為基礎，我們就不可能擁有客觀的知識。笛卡兒的名言「我思故我在」正是在這樣的脈絡下被提出，他認為外在世界（註16）的存在可以被懷疑，外在世界可能不存在。我們的感官經驗有可能被惡魔欺騙（註17），誤以為我們所有關於外在世界的經驗都是真的，就好像我們作夢時會誤以為夢境是真的一樣。但是，笛卡兒認為「自我」（註18）必定存在，就算我們關於外在世界的經驗是被惡魔所欺騙的，那也必須有一個叫作「自我」的實體，惡魔才有欺騙的對象。如果連「自我」都沒有，惡魔怎麼可能欺騙我呢？笛卡兒透過這樣的論證說明了自我的存在，而自我乃是用來作為所有知識的基礎，因此我們擁有最基本的知識。

註⓯ 包括史賓諾沙（Spinoza, 1632-1677）、萊布尼茲（Leibniz, 1646-1716）等人。

註⓰ 外在世界可以被理解為外在於我的事物，這些事物的存在不需仰賴於我的存在，而是本身就客觀存在的事物。

註⓱ 可以試想電影《駭客任務》（*The Matrix*），人類的經驗皆是被母體透過機器輸入到大腦裡，真正的世界其實只有母體跟許多被飼養的人類，不像我們以為的那樣多采多姿。

但是，笛卡兒的想法有一個嚴重的後果：就算我們同意自我是存在的，依然很難推論出我們擁有關於外在世界的知識。根據笛卡兒，最多只能說明自我存在，我們擁有關於自我的知識，僅止於此，而我們還是有可能受到惡魔的欺騙，因此沒有任何關於自我以外的知識，這樣的後果令許多人難以接受。

## 洛克的經驗主義

許多哲學家認為我們根本不應該太嚴肅看待懷疑論（註19）的立場；相反地，英國哲學家**洛克**認為，我們應該重視感官所帶給我們的經驗，並且透過經驗來學習認識這個世界。洛克的這種觀點被稱為「**經驗主義**」（empircalism）（註20），主張所有知識都來自於經驗。身為經驗主義的代表人物，洛克反對只有理性的知識論立場（註21）。經驗主義者認為理性有其限制，我們無法僅透過理性獲得知識。洛克認為我們的心靈就像一張空白的紙，必須透過感官經驗為這張紙塗上形狀與色彩。如果沒有感官經驗，我們將沒有任何知識，這張紙會一直保持空白。

在理性主義及經驗主義的影響下，啟蒙運動承接了文藝復興與科學革命，勇於質疑權威及各種學科的傳統教條。而且，啟蒙運動少了文藝復興時期濃厚的文學與藝



註⑱ 或者說「心靈」。
註⑲ 懷疑我們的感官經驗是假的。
註⑳ 經驗主義的代表人物還有柏克萊（George Berkeley, 1685-1753）以及休謨（David Hume, 1711-1776）。
註㉑ 理性就足以讓我們獲得一些基礎知識。

術氣息，卻多了理性與經驗的嚴謹思考方式。此時期的哲學思想透過政治哲學及知識論的蓬勃發展，開始再度獨立於宗教，回歸原先人們追求真理與知識的初衷。要注意的是，對許多此時期的哲學家來說，他們並非排斥宗教，許多人依然是虔誠的基督徒，信仰對他們來說還保有一定的空間與價值。他們懷疑的只是宗教對於獲得知識及真理所扮演的角色。

## ☼康德的先驗知識與經驗知識

如果我們必須從啟蒙運動這個時期，選出最具影響力的哲學家，這個人非**康德**莫屬。在此時期，理性主義與經驗主義爭論不休，前者認為我們可以僅透過理性獲得知識，後者則認為獲得知識必定要透過經驗。康德可以說是此時期西方哲學的集大成者，他透過**區分知識的性質**，調和理性主義與經驗主義。

康德認為，我們確實需要透過經驗來獲得外在世界的資訊，同時，透過理性將這些資訊轉化成概念。但是，我們也同樣擁有一些獨立於經驗的知識，這些知識是純形式的，僅能透過理性來獲得，而且我們先天就具有這些知識。要注意的是，康德認為如果沒有這些先於經驗的知識（註22）存在，我們就沒辦法擁有任何經驗知識。舉例來說，經驗知識就像是一盤盤的菜餚，而先驗知識就像是烹飪的食譜與工具。如果沒有這些食譜與工具，我們就無法獲得經過料理後的菜餚；同樣地，如果沒有先驗知識，我們就無法獲得經驗知識。最後，康德用一句名言來說明這樣的主張：「沒有經驗內容的理性是空洞的；沒有理性的經驗內容是盲目的。」

近代哲學從文藝復興時期開始，透過人文主義的興起，取代了中世紀經院哲學以上帝為目標的思考方式。接著科學革命來臨，產生新的科學方法與科學理論。科學革命之後，人們對於知識的要求，從笛卡兒開始進行哲學上的重建。承接科學革命的啟蒙運動，開啟了理性主義與經驗主義的爭論。這樣的爭論在康德的哲學思想上獲得了調和（註23），啟蒙運動也在康德的三部巨作（註24）問世後畫下了句點。

當代哲學

## 西洋哲學百花齊放的時期

十九世紀以後可以視為西方哲學的戰國時代，各式各樣的哲學主張問世，彼此之間互相攻擊，每種哲學主張都有強烈的批判性。因此，有人認為此時期在哲學領域



註㉒ 康德稱之為「先驗知識」（a priori knowledge）。

註㉓ 雖然康德調和了二者，但這不代表後世就不存在有理性主義與經驗主義的爭論。

註㉔ 分別是《純粹理性批判》（*Critique of Pure Reason*）、《實踐理性批判》（*Critique of Practical Reason*）、《判斷力批判》（*Critique of Judgment*）。

中只有哲學家，沒有哲學。

## （一）德國觀念論

十九世紀初，受到康德的影響，西方哲學被德國的**觀念論**（idealism）所主宰。康德的觀念論主張世界由我們的觀念所構成，關於這世界的事實，都是被我們的經驗所建立起來，因此，沒有我們經驗之外的世界。在這裡我們要注意的是，康德並非否認外在事物的實在性（reality），他同意就算沒有人類，世界也會存在。他所強調的是我們只能透過觀念來認識世界，除此之外沒有其他方式得以認識世界本身。因此，我們所認識到的那些關於外在世界的事實，都建立在我們的觀念之上。康德的這種觀念論主宰了十九世紀的歐洲，當時的哲學家將康德的主張當作一個起始點，開啟了新的哲學方法。

### ☼黑格爾的辯證法

德國觀念論從康德開始有了基本的架構，然後黑格爾（Hegel, 1770-1831）將其提升到另外一個境界，廣泛地影響當時的西方世界。黑格爾十分讚揚康德的哲學，但他同時認為康德的哲學忽略了**歷史**的面向。因此，黑格爾將歷史向度加進哲學領域中。他認為哲學不只是要研究各個哲學觀念與哲學理論之間的優劣勝敗，還必須研究哲學史。哲學必須包含人類透過理智發展出的那些思想演進過程，這些思想演進過程是哲學的一個重要面向。透過研究哲學思想的歷史演進，黑格爾提出了他著名的**正反合辯證法**（dialectic）（註25）。

## （二）馬克思的共產主義

黑格爾的哲學主張影響當時歐洲甚鉅，社會哲學與歷史哲學也在此時期躍出檯面，最有名的就是德國的**馬克思主義**（Marxism）。馬克思（Karl Marx, 1818-1883）引進黑格爾的辯證法，他認為，正——在當時資本主義盛行的時代，資本家們將勞工當工具利用及剝削；反——無產階級與工人必須透過革命來對抗這些資本家；合——最終達到一個資產階級與無產階級互相調和的共產主義社會。透過辯證法，馬克思提出他的共產主義思想，而且對馬克思來說，共產主義是一個既定的未來，人類歷史必定會照辯證法所描述的那樣發展，而他的任務只是要加速這樣的進展，讓共產主義盡快被實現。馬克思主義的影響十分巨大，列寧與毛澤東分別透過馬克思主義，建立了

註㉕ 詳見週三〈重要人物與理論〉的「黑格爾」一節。

蘇聯與中國大陸的共產主義體系。

可以想見，十九世紀的哲學風氣非常大膽，他們認為我們可以從歷史與理性推論出未來的事實，即預測未來的世界走向。馬克思主義是一個例子，英國的社會達爾文主義（註26）也是一個例子。這種學風到後來不但失去控制，也造成許多災難及社會動盪。有些史家認為這些武斷的哲學思想，就是造成十九至二十世紀初期戰爭不斷、各國交相征伐的原因，比如馬克思主義造成無產階級革命，社會達爾文主義後來造成德國納粹黨興起，間接引發第二次世界大戰。

## （三）分析哲學與歐陸哲學

二十世紀初期，有一派哲學家認為，我們應該揚棄那些武斷的哲學與社會學理論，回歸到哲學最開始的基本原則：**理性**。此派哲學家主張我們不應該讓哲學理論變成譬喻與預測，應該將更多心思放在哲學問題本身，回歸到我們一開始所在意的問題。同時，為了避免人們各說各話的困境，在使用各種概念時，我們應該先界定這些概念的意義，如此一來討論哲學才有意義。於是，哲學研究的方法與主題，到了二十世紀初開始有了不同的走向。西方哲學依據不同的哲學研究方法，將哲學區分為兩大陣營：**分析哲學**（analytical philosophy）與**歐陸哲學**（continental philosophy）（註27）。前者重視概念的分析和語詞的意義；後者注重抽象的譬喻與生活的體驗。一般公認**佛雷格**（Gottlob Frege, 1848-1925）是分析哲學的創始人，他和**羅素**（Bertrand Russell, 1872-1970）、**維根斯坦**（Ludwig Wittgenstein, 1889-1951）共同創立了分析哲學體系。他們強調邏輯，並且企圖透過邏輯分析語詞的意義。

一旦我們可以成功透過邏輯分析語詞之後，我們就可以進一步以邏輯符號取代自然語言（註28）；接著，我們可以透過邏輯規則來推論，經由演繹法說明一個哲學理論是否有效。維根斯坦更進一步主張之所以有會有哲學問題產生，原因在於我們的語言有瑕疵，不夠嚴謹，而且我們對於許多概念的意義都不清楚。如果我們的語言足夠精確，對於概念的掌握足夠清楚，那麼所有的哲學問題都可以獲得解答。比如說，如果我們知道正義的概念，我們就可以知道什麼叫作正義。如果我們可以清楚界定什麼叫作存在，我們就可以解決形上學問題。因此，對維根斯坦來說，所謂的哲學問題其實只是語言的問題。我們可以說分析哲學是從語言哲學開始的，而「**概念分析**」從此成為分析哲學的哲學研究方法。



註㉖ 對社會達爾文主義的信徒而言，人類社會就是強者生存、弱者淘汰，所以強國欺壓弱國是很自然的，也是必然的。

註㉗ 意指歐洲大陸（如德、法）以內的國家所盛行的哲學。

註㉘ 自然語言是指日常生活中彼此互相溝通所使用的語言。自然語言不需要仰賴文字，使用自然語言溝通，就是直接用口述溝通。

## （四）邏輯實證論

分析哲學的研究方法，在二十世紀初期影響了當時的科學與哲學社群，這群受影響的人們被稱為邏輯實證論者（logical positivist）。**邏輯實證論**（logical positivism）可以視為啟蒙運動時期經驗主義的延續，論者將語言分成**分析語句**（analytic sentence）與**綜合語句**（synthetic sentence）兩類，這個分類模仿自康德，唯內容略有不同。分析語句可用**邏輯與語意**來確定真假值，例如「單身漢都是男人」這句話是真的，因為「單身漢」這個語詞的意義裡面就包含了「是男人」。綜合語句可用**經驗**來確定真假值，例如「屏東在台灣的最南端」是真的，因為我們可以透過實際經驗證明這句話的真假。凡是不能被這兩種方法確定真假值的就是沒有意義的語句，這個原則被稱為「**可檢證原則**」(principle of verifiability)。

由這樣的主張我們可以發現，邏輯實證論者在某種程度上揚棄了形上學的討論，因為幾乎所有形上學哲學問題，都無法透過經驗來解決。同樣地，邏輯實證論也放棄了大多數的倫理學理論，因為我們無法透過經驗證明許多抽象的、無法被語言精確描述的概念，比如「善」、「美」。邏輯實證論後來與科學社群結合，其發展脈絡在於反對十九、二十世紀許多武斷的社會科學與心理學研究。在當時，許多研究都宣稱是科學研究，不論是社會學或心理學，但邏輯實證論者認為科學研究應該要有一個明確的原則，不符合這個原則的理論，都不能算是科學理論。在這樣的脈絡下，科學哲學家**波普**（Karl Popper, 1902-1994）提出**否證論**（falsificationism），主張科學理論必須具備**可否證性**（falsifiability）（註29）：科學理論必須有錯誤的可能性。如果一個理論不可能是錯的，這個理論就不是科學理論。

## （五）邏輯實證論晚期

邏輯實證論在二十世紀初掌控了整個科學與哲學社群。當時的人們大致都同意科學的任務在於說明綜合語句的真或假，而哲學的任務就在於說明分析語句的真或假；除此之外的語句都沒有實質的意義，因此沒有討論的必要。這樣的主張雖然說服了許多人，但是也引起許多哲學家的不滿。到了二十世紀中，邏輯實證論開始遭遇許多強大的反對。

**蒯因**（Willard Van Orman Quine, 1908-2000）透過其著作《經驗主義的兩個教條》（*Two Dogmas of Empiricism*），徹底攻擊邏輯實證論對於分析語句和綜合語句的區分。他認為語言的意義都是武斷且不確定的，因此，事實上沒有真正的分析語句。

註㉙ 詳見週三〈重要人物與理論〉的「波普」一節。

他還透過邏輯證明語言使用的不確定性，以此說明邏輯實證論本身有其盲點。蒯因在這裡的討論非常複雜，我們不需要進入其細節，只需知道邏輯實證論在二十世紀五〇年代後進入消退期。

除了蒯因之外，**羅爾斯**（John Rawls, 1921-2002）也反抗邏輯實證論者對於傳統倫理學的漠視，其著名的政治哲學著作《正義論》（*A Theory of Justice*）將規範倫理學再一次拉回當代哲學的舞台，討論什麼是正義的原則與社會。

## （六）從哲學分家

我們會發現，十九世紀之後，當代哲學討論與應用的領域十分廣泛，我們大概不能像先前那些時期，武斷地主張現在哲學最主要探討的問題是什麼。然而我們可以說，哲學幾乎跟任何一個學科都有某種程度上的關聯。其實這樣的關聯不難以想像，十九世紀後，基於資本主義的強勢，效率成為人們最在乎的一項指標，於是分工合作成了顯學，所有的行為都強調分工，因為唯有人們專心做一件事情，才可以達到最大的效率。在這樣的脈絡下，知識也變得需要分工，各種不同領域的知識交由不同的專家來研究，才是最有效率的。許多學科因此從哲學這個領域中拉了出來，各自成為獨立的一門學科。

## 未來發展

儘管我們不能夠武斷預測哲學未來的發展前景，但我們依然握有些許蛛絲馬跡。二十世紀之後，電腦的發明帶領我們進入另外一個科學視野，我們能夠將視野巨觀地關注在龐大的宇宙上，也能夠微觀地聚焦在奈米的世界裡。**心靈哲學**成為近年來發展最為蓬勃的一門學科，人類的心靈與大腦之間的關係成為哲學家們關注的議題。透過科技的輔助，哲學家與科學家們致力於腦神經科學的研究，希望揭開人類大腦的祕密，並藉此掌握人類心靈的本質。

同樣地，在科技進展的同時，許多相應而來的倫理議題也獲得了人們的關注，複製人、安樂死、墮胎、環境保育、媒體倫理等，這些與人及環境有關的倫理學議題，具有一定程度的急迫性。不只是哲學家，所有生活在這世界的人們同樣得面臨這些問題。它們大多在科技進展到一個程度之後產生出來，科技帶給我們便利與娛樂，也為人們帶來許多擔憂與反思。文藝復興時期廣泛影響人們思考模式的人文主義，到了現在，其影響力只增不減。未來的哲學思考必定依然要以「人」作為出發點，不但是為了解決傳統的哲學問題，也是為了解決新創造出來的哲學問題。

大師語錄　哲學是人生的保姆，可以照顧我們，但不能哺養我們。
——齊克果

## 3分鐘重點回顧

❶ 西方哲學起源於希臘，希臘神話孕育了哲學的基礎。在經過與埃及人、巴比倫人等經濟與知識的交流之後，希臘人基於對知識的渴望，開始透過理性來認識世界。

❷ 前蘇格拉底時期的哲學被稱為宇宙論時期，主要哲學思想為探討宇宙的生成與構造。

❸ 蘇格拉底與柏拉圖、亞里斯多德三人，奠定了整個西方哲學的基礎。

❹ 蘇格拉底的哲學思想，幾乎都是透過其學生柏拉圖流傳於世；前蘇格拉底時期的哲學思想，幾乎是由亞里斯多德整理而成。

❺ 蘇格拉底時期的哲學被稱為人事論時期，人們首度將哲學關注的目標由宇宙轉移到人的身上。

❻ 希臘化時期的哲學延續雅典時期的傳統，重視人生的目的與意義。此時期的哲學派別都試圖說明何謂美好的人生。斯多亞學派又被稱為「禁慾主義」，而伊比鳩魯學派則被稱為「快樂主義」。

❼ 中世紀哲學大多是為了神學服務，前半期為教父哲學時期，由傳教士所領導，辯護其宗教思想；後半期為經院哲學時期，由教會所領導，建立宗教哲學體系，透過論證上帝存在，說明上帝也是以理性為基礎。

❽ 近代哲學起始於文藝復興時期，以人文主義作為哲學思想的主要內涵，揚棄過去哲學是為了神學服務的思考模式，主張哲學應該以人為本，回復到過去希臘時期的人事論哲學傳統。

❾ 科學革命大幅弱化了教會對於思想的箝制力，哲學家們對於知識論的探討與研究進入巔峰期，知識的本質成為此時期哲學的首要議題。

❿ 當代哲學區分了西洋哲學的兩大進路，分別為分析哲學及歐陸哲學。

⓫ 當代分析哲學從語言出發，強調概念分析，認為哲學理論必須能夠經得起邏輯的考驗。

Day 03
Wednesday

星期三

# 重要人物與理論

-Scholar & Theory-

孟子曰：「人之所以異於禽獸者，幾希。」人類與動物最大的差別，在於人類擁有複雜的思考能力。透過思考能力，我們得以理解世界，進而改變世界。讓我們一同跟隨時間的腳步，檢視哲學家如何透過「思想」，刻畫傳奇。

# 哪些人物對哲學發展貢獻卓著？——重要哲學家及其理論

## 西方的孔子　蘇格拉底（Socrates, 469-399 B.C.）

蘇格拉底本身沒有寫下任何著作，目前與他相關的紀錄，都是從他的學生柏拉圖的著作中獲得。蘇一生都住在雅典，出生於貧窮的家庭，爸爸是石匠，媽媽是助產婦。在蘇格拉底之前的哲學家，大多關注抽象的形上學問題，諸如世界的構成與萬事萬物的起源等。蘇格拉底本身最關注的卻是與人相關的事情。有人認為蘇格拉底之所以關注人的事情，與當時動盪的政治環境脫不了關係。政治是人與人之間的事，但是虛無飄渺又抽象的形上學討論，無法解決人與人之間的問題。因此，蘇格拉底將哲學的目標轉移到人身上，使哲學從對世界的關注轉為對人的關懷。蘇格拉底關注人們應該如何生活、怎樣的人生才算是美好的人生，也關注「善」與「正義」。我們可以說**倫理學**這門哲學分支，是在蘇格拉底的關注下被拉到檯面上的一門學科。

## (一) 真理是絕對的

當時的雅典城邦有著許許多多政治家或學者，喜歡在街頭大放厥詞，透過流行的辯論術來打敗對手。除了政治上的想法，這些人也常在公眾場合高談美與正義、幸福等概念，並認為自己無所不知。蘇格拉底正是看不慣這些人，於是常跑到市集上找這些人辯論。

蘇格拉底的辯論方式不是當時傳統的辯論方式，傳統辯論透過宣稱自己的想法來反對別人的想法，但是蘇格拉底知道這樣做是沒有效果的。在當時的辯論術中，最流行的就是相對主義的辯論術。當某人透過自己的想法來反對別人時，他人只需說





大師語錄　我唯一知道的事，就是我什麼都不知道。——蘇格拉底

「真理都是相對的」，就可以把所有的論點都給反駁回去。

蘇格拉底使用了另外一種辯論方式，也就是不停地發問，直到對方發現自己無法繼續回答問題，或者回答了非常不符合常理的答案。這時，蘇格拉底就可以理所當然地跟對方說：「你根本就不懂什麼叫作○○。」例如，當對方滔滔不絕地說：「為了正義，我們應該要×××。」此時蘇格拉底會很客氣地問：「什麼是正義？」一旦對方回答：「正義就是○○。」蘇格拉底又會再進一步詢問：「那什麼是○○？」如此不停地發問下去，直到對方無法回答為止。透過訊問挖掘出對手自我矛盾的地方，找出對手背後不合理的預設，再推導出荒謬的結論，這就是蘇格拉底辯證法的特色。

對蘇格拉底來說，**真理是絕對的**，他反對當時最流行的相對主義觀點，反對那些主張真理是相對於個人的想法。他認為世界上有許多真實的事情，而這些事情值得我們去追求，比如美與正義。

### 名家軼事

據說蘇格拉底的妻子很凶，他十分害怕與她相處，因此蘇格拉底不常待在家裡，而是一天到晚跑到市集上與別人聊哲學。他曾經說過：「娶到好老婆，你可以很幸福；取到壞老婆，你可以成為哲學家。」

## （二）承認自己的無知

大家都知道蘇格拉底曾說過一句名言：「我唯一知道的事，就是我什麼都不知道。」許多人認為這句話是蘇格拉底的自謙之詞，但事實上這句話對蘇格拉底來說不是一句謙虛的說法，他是真心地這麼認為。這句話並非表達了蘇格拉底是個謙虛的人，而是表達了他是個誠實的人。他認為當時的人們都不夠誠實，不敢面對自己的無知，但是若要探尋真理，第一步就是要先承認自己的無知。承認自己的無知之後，我們才會有動力與熱情去尋找知識。如果只採取相對主義的立場，我們的生活將會停止不前，人們不會變得更幸福，這個社會也不會變得更正義。

## （三）為真理而死

蘇格拉底最後被迫服毒自殺，因為當時的政治家們認為蘇格拉底的行為會使青少年們墮落（蘇格拉底使青少年們不再視當時政治家口中的知識為真的知識），在審判後將他判以死刑。儘管蘇格拉底有逃脫機會，他本人卻放棄了這個想法。對他來說，為了真理而死是光榮的。除了會使青少年墮落，當時他還被指控「不信神」，但



大師語錄　壞人是為了吃喝才活著，好人是為了活著才吃喝。——蘇格拉底

是蘇格拉底之所以不怕死，除了真理以外，他更相信死後可以上天堂，回到神的身邊。他甚至認為自己是神派下來讓人們了解自己的無知，並以此為起點去追尋真理的人。諷刺的是，儘管如此，他依然被指控不信神。不過，也因為蘇格拉底為真理所做的犧牲，使得他的學生們決定繼承他的哲學思想（尤其是柏拉圖），他對真理的追求與執著，也大大影響了後世哲學家們追求真理的熱情。

## 哲學家皇帝　柏拉圖（Plato, 427-347 B.C.）

柏拉圖一生有許多著作傳世，大多是一篇一篇的對話記錄，其中多數的對話紀錄，被收錄在描述其老師蘇格拉底於雅典市集與時人進行辯論的《對話錄》中。此外，他還著有《理想國》一書，描述其政治哲學思想。柏拉圖的著作不但多，而且議題十分廣泛，幾乎遍及了所有哲學主題，包括知識、政治、倫理、法律、美學、語言等。我們可以說，現今所談論的哲學議題都是從柏拉圖開始，也因為這樣，才會讓懷德海（A. N. Whitehead）說出：「現在的哲學不過都是柏拉圖哲學的註腳罷了。」

## （一）真理不存在於現實世界

柏拉圖在其師蘇格拉底身故之後，曾經在外流浪了一段時間。回到雅典後，他創立了「學院」，傳承蘇格拉底的哲學思想，同時發展自己的哲學體系。柏拉圖的哲學深受蘇格拉底影響，同樣也認為存在有絕對的真理，但是不同於蘇格拉底，柏拉圖認為真理不存在於現實世界，而存在於一個抽象世界：**理型世界**。

柏拉圖認為只有永恆存在的事物才是真實的，因此真實不會存在於現實世界中，真實存在於理型世界中。理型世界是現實世界的原型，現實世界的所有事物都是模仿自理型世界的事物。舉例來說，我們常在現實世界中看到三角形的石頭、圓形的石頭等，但嚴格來說，我們看到的三角形與圓形都不是完美的三角形與圓形，只是看起來像而已。柏拉圖認為真正完美的三角形與圓形只存在於理型世界，現實世界只能模仿，是次等品，不可能達到真正的完美。

同樣地，現實世界中的生物如「貓」、「狗」、「豬」等，都是仿照理型世界中這些生物的形貌所創造出來的個體。「人」也是依理型世界中「人」的形貌所創造出來的。可以想見，基督教裡有些人士認為上帝依照自己的外型創造人，此想法很大



大師語錄　哲學家才是最適合當國王的人。——柏拉圖

程度是受到柏拉圖的哲學所影響。

## （二）理想國

柏拉圖將理型論應用到他最著名且富爭議的著作《理想國》中。他認為理型世界有一個完美的政治體制，它實現了所有我們所能想像的最好價值，包括正義、美、道德、善等。他稱能夠實現這些價值的國家為「理想國」。

在理想國中，統治者從小就要接受菁英教育，所有國民都要能夠發揮自己的所長，為了國家全體的利益而行為。國家整體的福祉凌駕於個人的福祉之上，一旦國家擁有了最大的幸福，個人才會擁有幸福。從柏拉圖的政治哲學思想中，我們會發現他反對民主制度。他認為治理國家是一門專業的學問，不能交由所有人共同決定，必須交由那些受過專業訓練的人來決定。有些人認為柏拉圖的理想國事實上是某種共產主義或社會主義制度，忽略了個人的權利與發展，但我們要注意的是，如果理想國能夠像柏拉圖所說的那樣，實現正義、善與道德，那麼理想國中的人民勢必會受到公平的對

### 名家軼事

柏拉圖的本名其實是「阿里斯托克勒」（Aristokles），之所以會變成柏拉圖，是因為他的身材健美、強壯，而「柏拉圖」一詞有寬闊的意思。傳聞柏拉圖甚至曾透過其健壯的身材而贏得摔角冠軍。

待，並且透過其應盡的義務獲得其應有的權利。因此，理想國是否必定忽略了個人利益還是有爭議的，但無論如何，柏拉圖所描述的理想國也只是一個可能的選項而已，未必表示我們只有這一個選項。

### （三）理首教育活動

除了哲學之外，柏拉圖對於後世還有一個重大的影響：他是西方第一個建立完整教育體系的人。在理想國中，為了主張菁英教育的重要性及必要性，柏拉圖對菁英教育做出許多具體的說明，也因此，他從中年開始便埋首於教育活動。他精確地設定了菁英們從出生開始，每個生長階段必須接觸的教育及必須學習的技能。三十歲以前要強化並精進思考能力（哲學是必修科目），三十歲以後則為實習階段，必須接觸與觀察這個世界，之後才可能獨當一面，成為一國之君。

除了知識上的教育，柏拉圖更強調體能上的教育，認為只有保持良好的體能狀況，才足以承擔統治者所需面對的種種挑戰。因此統治者還必須學習騎馬、射箭、搏擊等技能，這些技能不但能夠強化統治者的體能，也足以讓統治者擁有上戰場的能力。這種對於教育提供一系列的理論基礎，並且針對各個階段強調不同教育內容的教育思想，足以被稱為最早的「教案」（註1），對於後世的教育發展有著深遠的影響。

科學之父

## 亞里斯多德（Arist-otle, 384-322 B.C.）

亞里斯多德被公認為超級通才，他的著作對於西方思想的發展可說有著令人無法置信的深遠影響，主要哲學著作有《形上學》（*Metaphysica*）、《政治學》（*Politica*）等。亞里斯多德除了是一位哲學家，同時還是科學家、生物學家、天文學家、政治學家、藝術家及最早的邏輯學家（註2）。他的著作幾乎遍及所有自然科學與社會科學，包括物理學、生物學、心理學、政治學、社會學、倫理學及形上學等。據說他探討正義的著作，至今仍是法學院學生的必讀書籍。

### （一）掌握現實世界的特徵

亞里斯多德是柏拉圖的學生，從十七歲開始進入柏拉圖設立的學院就讀，在學院內待了二十年，被認為是柏拉圖最優秀的學生。亞里斯多德非常尊敬柏拉圖，但是他不認為柏拉圖的哲學主張是正確的。柏拉圖認為真實存在於理型世界，我們要透過理性掌握理型世界的真實，然後盡可能地在現實世界中將其實現。亞里斯多德認為這樣的方法是錯誤的，我們不需在乎理型世界的事物（如果真的有這一世界），而要在乎現實世界的事物，因為我們生活在這個現實世界中。而且，對亞里斯多德來說，現實世界也擁有真實，我們可以從日常生活的觀察中獲得關於世界的真實樣貌。

亞里斯多德非常重視觀察，我們可以說他是第一個建立起科學方法的人。亞里斯多德格外熱衷於建立資料庫及對資料做分類。他認為我們認識事物並非像柏拉圖所主張的，先認識事物的理型之後，再認識事物；相反地，我們是透過事物個別的特徵來認識事物。舉例來說，當我們要辨識田裡的動物是馬還是牛時，根據柏拉圖的主張，我們會透過掌握「馬」與「牛」的理型，再根據所掌握的理型區分在我們面前的動物比較接近哪一種理型，接著才辨識出是馬還是牛。但是，根據亞里斯多德的觀點，我們辨識馬與牛，乃是根據馬和牛身上的不同特徵。透過不同特徵的比對，我們將馬與牛分類為兩種不同的動物，接著辨識出哪一種特徵屬於馬，哪一種特徵屬於牛。

從上述我們可以知道，亞里斯多德的觀點其實就是我們現在所熟悉的科學方

註❶ 可以理解成「教學計畫」。
註❷ 現今所熟知的「三段論證」，就是亞里斯多德整理出來的邏輯證明之一。

法，將事物做出分類，再根據現有資料回答我們想要回答的問題。亞里斯多德將這樣的方法應用到所有學問上，透過有系統的分類，建立了最早的自然科學體系。

### （二）萬事萬物的存在必有目的

亞里斯多德的哲學體系，可以從他的**目的論**（teleology）主張窺知一二。萬事萬物的存在必定有其目的，而宇宙間的所有事物與行為，都可以透過目的來解釋。我們可以透過「功能」的觀念理解這樣的想法。萬事萬物的存在都有其功能，這個功能就是此事物存在的目的。比方說，一張桌子的功能是可以平穩地放東西，平穩地放東西便是這張桌子存在的目的。亞里斯多德透過這種想法，將他的哲學思想體系連結在一起，認為人的功能就是**思考**，因此，思考是人存在的目的。

從知識論層面來看，人的功能是思考，透過思考與觀察、理性與感官的合作，使得人們天生就有獲得知識的能力與求知的欲望。從形上學層面來看，我們可以透過

**名家軼事**

亞里斯多德的教學方式不同於一般學院中死板的授課模式。他常跟學生一起待在花園中，他們一邊散步，一邊聊哲學與各種知識。因為這樣的上課風格，後來的人們將亞里斯多德學派的提倡者稱為「逍遙學派」。

觀察並思考我們所觀察到的現象來察覺因果關係，進而了解事物之間的因果原則。因果關係是亞里斯多德形上學最重要的一個概念，他從因果原則推論出事件之間的變化必定有其因果關係。同時，透過邏輯思考，亞里斯多德認為所有因果關係的最終源頭有個不動的推動者，這個不動的推動者是所有事件的第一個原因。

## （三）德性倫理學

從倫理學層面來看，我們透過思考「善」使自己成為一個有德者。德性這項特徵是一種個人擁有的特質，而非行為擁有的特質，這樣的出發點有別於先前提過的兩大傳統：義務論與效益主義。不論是康德的義務論傳統或邊沁的效益主義傳統，都是針對**行為**做出道德評價，但亞里斯多德的倫理學則是針對**行為人**做出道德評價。換句話說，比起「什麼是有德的行為」，亞里斯多德更在乎「什麼是有德的人」，這樣的想法被稱為「**德性倫理學**」（virtue ethics）（註3）。

註❸ 德行倫理學並非不關注「行為的對錯」，只是先從「有德者」出發，評價完何謂「有德者」之後，再根據「有德者會如何行為」來判斷行為的對錯。

# 奧古斯丁（Augustinus, 354-430）

奧古斯丁是中世紀最偉大的教父，主要著作為《懺悔錄》（*Confessions*）。之所以被喻為當時最偉大的教父，原因在於他統整了各種教義橫生的基督教。除了統一教義，奧古斯丁還透過辯論，擊敗了其他非基督教信仰的傳教士，讓基督教自此進入一教獨大的中世紀神學時期。

## （一）欲望是人的原罪

奧古斯丁能夠成為當時最偉大的教父，除了當時的時代背景之外，他的人生經驗也占了很大的因素。三十二歲以前的他，信仰還沒有確立下來，四處遊走在不同的宗教教義之間，使他獲得了許多不同教派的知識。同時，正因為沒有一個固定信仰，他可以站在更客觀的角度觀察各種不同的宗教及教義。除此之外，奧古斯丁在青年時期是個放蕩不羈的年輕人，十八歲就與女性同居並且生有一子，汲營於名利與快樂，浸淫在人性赤裸裸的欲望之中。因此，不同於當時許多教父透過說教的方式宣揚教義，提倡許多聽起來像是在唱高調的手段（比如我們應該要靠自己的努力控制欲望，如此一來才能夠接近上帝。無法控制自己欲望者將無法接近上帝，而且會因此下地獄），奧古斯丁很明白地告訴眾人，欲望是人們的原罪，我們不可能靠著自己的努力就可以擺脫欲望的困擾。

奧古斯丁在《懺悔錄》中花了許多篇幅，說明欲望是人類天生就有的一種東西，沒有辦法靠自己克制。儘管如此，我們還是可以上天堂，而我們需要做的就是信仰上帝，並且向上帝懺悔，希望上帝能夠原諒我們。相對於前者那種透過苦行、禁慾的手段讓人們獲得救贖，奧古斯丁這種明白展示我們沒法克制欲望、只能透過懺悔及期許上帝赦免我們等方式，更能夠引起當時人們的共鳴。

## （二）沒有所謂的惡，只有善的缺乏

奧古斯丁能夠在當時眾多教父中脫穎而出，除了他的人生經驗之外，他的博學絕對是個重要關鍵。當時儘管基督教有許多不同教義，彼此之間互相攻擊，但基督教的教父們大多都同意，這世界所有事物皆是由上帝創造，而且上帝是全知、全能、全善的存在。因此，上帝沒有不知道的事情，也沒有做不到的事情；上帝是絕對的善。



大師語錄　人只能仰賴信仰獲得救贖，而理性是為了信仰服務。
——奧古斯丁

當這些教父們如此描述上帝時，問題就出現了。這世界存在的所有事物都是上帝創造的，而且這世界顯然存在有一些惡行；因此，惡行想必也是由上帝創造。如果惡行是上帝創造的，我們怎麼能說上帝是絕對的善呢？上帝應該可以不創造惡行啊！這個問題在當時困擾了許多基督教的教父，他們沒有一個具有足夠說服力的回答。

奧古斯丁給出了一個對時人來說具有說服力的答案。他認為上帝還是絕對的善，而善與惡並非兩個不同且對立的事物。事實上，並沒有所謂的惡，只有善的缺乏；有些地方比較缺乏善，人們因此以為那樣是惡了。一如黑暗只是缺少光明，而缺少光明不等於創造了黑暗；同樣地，缺乏善不等於創造了惡。因此，上帝沒有創造任何惡。

## （三）理性是為了信仰服務

奧古斯丁的回答當然不是原創的，類似的想法早在柏拉圖及柏拉圖之前的赫拉克利特就已提過。不過由此可知，奧古斯丁對於學問的涉獵非常廣泛，儘管當時處於中世紀神學思想流行的年代，他依然對於希臘時期的哲學思想有足夠的了解。也因為他的博學，使得他能夠利用許多其他教父缺乏的資源，幫助自己贏得一場又一場的辯論。

然而，就如當時許多教父一樣，奧古斯丁雖然借用了哲學與其他教父們辯論，他依然不認為哲學或理性可以帶給我們真正的真理。對奧古斯丁來說，沒有信仰的哲學家無法獲得終極的真理，而理性只是為了信仰服務，因為只有理性可以讓我們看到這一點。

## 神學泰斗 阿奎納（Thomas Aquinas, 1225-1274）

如果說奧古斯丁是中世紀教父時期最重要的代表人物，阿奎納就是中世紀經院時期最重要的代表人物。十二世紀之後，亞里斯多德的著作被廣泛引進基督教世界，其富有理性與系統性的哲學與科學體系，衝擊了當時的基督教圈。

### （一）調和神學與哲學

亞里斯多德認為我們可以透過理性與觀察追求真理，完全不需訴諸信仰，這種

大師語錄 手如果不推動棍子，棍子就無法推動其他東西。——阿奎納

主張造成哲學與神學對立的局面。但是，人們又不能輕易屏除亞里斯多德的著作帶來的許多知識，因為他的著作確實為當時的世界注入了許多新知。在這種神學與理性的衝突之下，如果不能夠直接放棄理性，那麼最好的方式就是讓理性變成神學的好朋友。阿奎納正是在這樣的脈絡下，開啟了他的神學與哲學研究。

阿奎納最著名的著作有兩本，分別為《神學大全》（*Summa Theologica*）與《哲學大全》（*Summa Contra Gentiles*）（註4）。在接觸亞里斯多德的哲學之後，阿奎納深受其哲學主張所吸引，因此終其一生都在試圖調和神學與亞里斯多德哲學。他認為如果能夠證明我們可以依靠理性獲得神學，那麼神學與哲學將不再對立，同時也會使得神學更具有說服力，讓人們有更理性的基礎來信仰基督教。

### 名家軼事

阿奎納是一個生性低調的人，他不太愛講話，因此年輕時經常被誤以為是個遲鈍的人。不過，當他被迫向大家分享自己的意見與想法時，人們總會訝異於他的聰穎。每當阿奎納講解完後，時常會要求人們不要對外聲張他的這些事情。

## （二）證明上帝存在的五路論證

中世紀的神職人員除了傳教，最重要的一件事莫過於提供上帝存在的證明，因為這才是最有助於傳教的方式。因此，阿奎納一生中最主要的成就，就在於他以亞里斯多德哲學為基礎，建構了著名的上帝存在論證「**五路論證**」（註5）。五路論證是阿奎納以亞里斯多德的「因果原則」為基礎，透過五種不同的角度，結合了邏輯之後所得出的論證。

五路論證中的第一路被稱為「**運動論證**」（argument from motion），運動論證關注的角度在於「**變化**」。各種事物在運動時，其形體及占據的空間必定有其變化，比方葉子被風吹動、月亮的盈虧等等。而事物的變化必定要訴諸外力，因為事物沒有辦法自己變化。但是，那些可以使事物變化的「外力」也是一種變化，因此它們也需有別的外力加諸其身。如此一直往後推的結果，必定會停留在某一個地方，不會無限地後推。這個地方就是所有變化的源頭，而這個源頭就是上帝。

第二路論證被稱為「**動力因論證**」（argument from efficient cause），動力因論證關注的角度在於「**生滅**」。動力因這個詞最早是從亞里斯多德的「四因說」裡面出

註❹ 拉丁文。
註❺ 五路論證收錄於其著作《神學大全》之中。

現，比如一棵樹要變成桌子，需要木匠來完成這個工作，而木匠的行為就是樹變成桌子的動力因。此時樹沒了，桌子產生了，如果我們接著再往後推，則樹的生成必須伴隨著種子的消失。因此，所有事物的生成與消失，必定都有一個動力因牽涉其中，而且我們可以將整個動力因的系列一直往回推。但是，這個系列一樣不能永無止盡，它必定停留在某個地方，也就是存在有第一個動力因，而這第一個動力因就是上帝。

第三路論證被稱為「**必然與偶然存有論證**」（**proof from necessary vs. contingent being**），這個論證關注的角度在於「**存在**」。這世界上許多事物的存在皆是偶然；偶然存在的意思是說，這些事物可能不存在。比方說，如果我們的父母沒有結婚生子，那麼你我都有可能不存在於這世界。如果世界上存在的事物是偶然的，就表示在某些時間點，這些事物並不存在。如此往回推論，必定有一個時間點沒有任何偶然的事物存在。但是，世界又不可能沒有任何東西存在，因為偶然的事物都必須經由先前存在的事物產生，如此一來，我們可以推論出世界上有一個必然存在的事物，這個事物先於所有偶然存在的事物，也就是上帝。

第四路論證被稱為「**價值論證**」（**argument from perfection**），顧名思義，關注的角度在於「**價值**」。我們知道，價值是一種程度性概念，某些東西比其他東西更有價值，某些善比起其他善具有更高程度的善。我們要能夠比較這些不同的程度，則必須要有標準的存在，這個標準刻化了所有的程度。既然有標準，而標準又不能無限延長，因此一定有一個最高的、最完美的價值。以善來比喻的話，就是有一個最完美的善，這個最高的價值，就是上帝。因此，上帝是所有價值的最完美存在，而標準存在，那麼上帝也存在。

第五路論證被稱為「**設計論證**」（**design argument**），這個論證關注的角度是「**目的**」。亞里斯多德的哲學以目的論貫穿整個體系，他認為所有事物都有其目的，但目的並非天生，必定有一個設計者出於某種原因，賦予事物某種目的，而這個設計者本身不是被設計出來的，否則一樣會造成無限的後退。因此，有一個賦予所有事物目的的設計者存在，這個設計者就是上帝。

上述五路論證，被認為是中世紀所有上帝存在論證中，邏輯結構最清楚簡潔的論證，至今仍為許多基督教會人士接受。



大師語錄 我思故我在。——笛卡兒

近代哲學之父

## 笛卡兒（René Descartes, 1596-1650）

笛卡兒是法國著名的哲學家與數學家，他在哲學上最重要的著作《沉思錄》（*Meditations on First Philosophy*），奠定了往後哲學領域中知識論的整個研究取向。笛卡兒被稱為「近代哲學之父」，近代哲學所討論的哲學議題，基本上延續了笛卡兒在哲學上的關注，尤其對於知識論的討論，更是從笛卡兒開始有了極其深遠的影響。

### （一）只要透過理性，就可獲得知識

笛卡兒活躍於啟蒙運動時期，當時的歐洲正處於教會勢力衰落、科學主義興起的背景，人們開始對知識有了更多的關注。笛卡兒是一名理性主義者，主張我們可以僅透過理性獲得知識，其中有些知識是天生的知識，不需透過經驗即可獲得。此外，

**名家軼事**

十七世紀中期，笛卡兒受到瑞典女王克里斯蒂那（Kristina）的邀請，至斯德哥爾摩擔任她的家庭教師。為了配合女王的作息，笛卡兒每天早上五點就必須到宮廷替女王上課，也因此在不久之後染上了肺炎，告別人世。

由於他是一名數學家，因此他認為所有的知識都必須建立在穩固的基礎之上，就好像所有的數學定理都必須建立在穩固的數學公理之上。

## （二）自我的存在

為了尋找知識中最穩固的基礎，笛卡兒想到的方法是先懷疑所有的知識，接著把所有可能不成立的知識都排除掉，剩下來那個無法被排除掉的東西，就是所有知識中最穩固的基礎。於是笛卡兒開始思考，我們的感官經驗常會帶給我們許多資訊，比如我們看到桌上有一支筆，遠方有一輛車。過去我們會認為感官經驗可以帶給我們知識，但笛卡兒認為感官經驗帶給我們的知識並不可靠，因為我們很有可能被感官經驗給誤導，比如筷子插在水裡看起來像是折斷了，遠方草地上的牛羊可能只是一群立牌。因此，感官經驗不能夠作為知識的基礎。

接著，笛卡兒開始思考數學知識。二加二等於四，三角形有三個角，這樣的知識應該很穩固了吧？不過，笛卡兒認為數學知識仍然不夠穩固，因為他可能正身處於一場騙局之中，有一個惡魔欺騙了他，誤以為數學知識是真的，誤以為二加二等於四。如果數學知識也能夠被懷疑，那麼數學知識也不夠可靠。



大師語錄　擁有一個好的心靈是不夠的，重要的是能夠善用它。——笛卡兒最後，他開始思考自己否存在。還好，他發現自己必定是存在的，因為當他開始思考自己是否存在時，他一定要先存在，才能夠這樣思考啊！如果他不存在，他怎麼可能思考自己是否存在呢？透過這樣一連串對於知識的懷疑，笛卡兒總算確定了我們所擁有最基礎的知識，就是**自我的存在**。

## （三）心物二元論

在確立了自我的存在後，笛卡兒的下一個問題是：我們是個怎樣的存在呢？他繼續思考著：我可以想像自己沒有手而存在，也可以想像自己沒有腳而存在，我甚至可以想像自己沒有任何的肉身，卻依然存在。可是我沒有辦法想像沒有自我而存在，因此，自我肯定是我的本質，而且自我不是一種**物理性實體**，而是一種**非物理性實體**，比方說精神性或心靈性實體。經過這樣的推論之後，笛卡兒確立了自己的形上學立場，認為世界上存在有物理性與非物理性實體，而自我是一種非物理性實體。這樣的立場被稱為「**心物二元論**」（mind-body dualism），主張世界是由兩種不同性質的實體所構成。

## （四）知識的有效性

確認了自我是一種非物理性實體且必定存在之後，笛卡兒終於可以開始發展他的知識體系。下一個他要解決的問題，就是回答人類獲得的知識的有效性。要獲得知識，一定要先有一個知識的載體，還好這個載體的存在已經獲得了解決。接下來就是要回答我們要怎麼避免受到欺騙，獲得真正的知識。關於這個問題，笛卡兒採用安瑟姆的「**本體論論證**」來回答。本體論論證了上帝的存在，於是笛卡兒認為，由於上帝存在，而且上帝是全善的，因此上帝不可能讓惡魔欺騙我們，這麼邪惡的事情不可能在上帝的眼皮底下發生，所以我們可以放心地接受我們的數學知識都是有效的。而且，也因為有上帝的存在，我們的感官經驗在多數情況下也都是有效的，除非遇到幻覺或錯覺，否則上帝將會確保我們的感官經驗不受惡魔影響，感官經驗可以獲得關於世界的知識。

雖然笛卡兒認為自己的論證可以良好地說明知識的有效性，但他的論證卻建立在一個對後世來說沒有說服力的「本體論論證」之上。因此，對於後來的哲學家而言，笛卡兒事實上沒有真的證明數學知識或感官知識的有效性。儘管如此，也不影響笛卡兒的知識論引領了後世三百年的哲學家們，開始致力於研究知識有效性的議題。

## 哲學界的牛頓 洛克（John Locke, 1632-1704）

洛克是啟蒙時期著名的政治家與哲學家，出生於英國，花了二十年完成哲學著作《人類物性論》（*Essay Concerning Human Understanding*），出版之後影響往後一百年的西方哲學思想。洛克的哲學思想對後代影響有多大呢？我們可以這樣理解，所有人大概都會同意在啟蒙運動時期，科學上最大的突破就是牛頓在物理學上的成就。洛克在哲學上的成就，堪稱是哲學界的牛頓；如果牛頓建立的是物理界的知識基礎，那麼洛克則是建立了哲學界的知識基礎。

### （一）觀念來自於經驗

不同於笛卡兒，洛克是一位經驗主義者，他反對笛卡兒的理性主義觀點。洛克不認為有天生的知識，也不認為知識可以僅透過理性而獲得。對於洛克來說，我們的心靈是一張白紙，而我們的所有經驗必須在我們跟世界接觸之後，才能夠在心靈上留下一道道痕跡。「**觀念**」（idea）是洛克哲學中最關鍵的一個概念，洛克認為當我們的心靈在思考時，我們一定是透過觀念來思考，而觀念是後天養成的。我們透過經驗習得某些觀念，再經由觀念看待我們所獲得的經驗。因此，沒有所謂天生的觀念存在，所有知識都必須透過經驗，才可能被我們掌握。

如此一來，洛克的整個知識論體系所貫徹的核心主張，就是我們透過我們經驗這個世界的方式來認識這個世界。有些笛卡兒的支持者認為，洛克提倡的經驗主義無法解釋我們為什麼可以不接觸世界，直接反思自身的心理狀態。洛克則認為，雖然反思自身的心理狀態不需要接觸世界，但是反思也是一種經驗，而我們也是世界的一分子，因此我們確實可以反思我們的內在經驗，這樣的想法與經驗主義並不衝突。

## （二）簡單觀念與複雜觀念

既然「觀念」對洛克來說這麼重要，他勢必要好好說明什麼是觀念。洛克認為觀念有兩種：**簡單**（simple）**觀念**與**複雜**（complex）**觀念**。簡單觀念是感官直接給予我們刺激之後所產生的觀念，比方我們聞到花的「芳香」、看到血的「紅色」、嘗





大師語錄 德性比知識還要難獲得。——洛克

到西瓜的「甘甜」等等，這些是直接透過感官經驗所帶給我們的觀念。複雜觀念則是由簡單觀念的結合所構成，比方「西瓜」就是由綠色的皮、紅色的果肉、甘甜的汁液等所構成的複雜觀念。

有些人可能會認為，如果觀念是透過現實經驗而來，那麼洛克要如何解釋我們有時確實擁有一些非現實上存在的事物的觀念，比方說「飛馬」的觀念？對洛克來說，這個問題不難回答，因為複雜觀念並沒有預設一定要是現實上存在的事物，而那些不是現實上存在的事物，其實也是經由現實上存在事物的觀念所構成，例如「飛馬」就是由「翅膀」與「馬」的觀念所構成的複雜觀念。

## （三）初性與次性

在區分了觀念之後，洛克接著又依簡單觀念的性質將其區分為**初性**（primary qualities）、**次性**（secondary qualities）兩種。事物的初性指的是事物本身的性質，比如事物的長、寬、高、運動狀態等等。這些性質不需涉及我們對事物的主觀判斷，例如一個東西若長十公分，那麼不管誰拿尺來量，都會是十公分。事物的次性則是事物對我們所展現的性質，比如事物的顏色、味道、聲音等等，這些性質涉及我們對事物的主觀判斷，例如我們對於一朵花的顏色可能會有不同判斷。

洛克認為，事物是否擁有某種初性是客觀的，與我們是否察覺到這個性質無關。就好像我們雖然不知道一個東西的長度，但這並不會因此改變這個東西的長度。然而，次性就不一樣了，如果我們沒有察覺到一個事物的次性，那麼對我們來說，這個事物就沒有這個性質。例如我們倘若沒有看到一朵紅色的花，那麼對我們來說，這朵花就沒有「紅色」的性質。因此，對洛克來說，次性必須被知覺到才會存在，如果沒有被知覺到，就不算存在。

有了上述的區分之後，我們大致可以看出洛克的知識體系了。對於洛克來說，**經驗構成了觀念**，而**觀念構成了知識**。洛克也透過這樣的方式說明科學的客觀性。他認為自然科學中的知識，是透過簡單觀念中的初性去建構；由於初性是客觀的，因此自然科學的知識也會是客觀的知識。



大師語錄 自我只不過是一堆知覺的組成而已。——休謨

## 休謨（David Hume, 1711-1776）

英國哲學家休謨是洛克的忠實支持者，且是一位破壞力強大的哲學家，許多人視休謨為當代懷疑論者與經驗主義者的偶像。作為一名經驗主義者與懷疑論者，休謨貫徹了經驗主義的核心思想，懷疑所有普遍命題型式（註6）的知識宣稱，以及所有不是透過經驗而來的知識宣稱。

休謨的主要哲學著作為《人性論》（*Treatise on Human Nature*），他希望透過這本書探詢普遍的知識，但是從結果上來說，他的追求是徹底地失敗了。儘管他沒有成功求得普遍的知識原理，他的哲學主張依然為當時的哲學圈種下強大且具有影響力的種子。

### （一）反對笛卡兒式的自我及上帝的存在

身為一名經驗主義者，休謨強調所有知識都必須以經驗為基礎，那些沒有經驗

**名家軼事**

身為一名經驗主義者，休謨是個非常重視知識基礎的人。他曾經說過：「如果一本書裡面的內容不是以數學或者邏輯作為基礎，也不是以經驗作為基礎，那麼這本書就可以燒掉了。」

基礎的宣稱，都不夠資格被稱為知識。因此，休謨拒絕了許多我們一般認為是知識的東西存在。既然是經驗主義者，笛卡兒當然是休謨的死對頭；笛卡兒認為自己的論證不但可以證明自我的存在，還可以克服懷疑論的主張，證明我們獲得的知識都是真的、有效的。休謨反對笛卡兒這一系列的論證。

首先，他反對笛卡兒式（註7）的自我存在。休謨主張，許多人認為我們可以透過反思自身發現笛卡兒式自我的存在，這樣的想法是荒謬的，因為我們反思自身時，只會察覺到我們各種各樣的心理狀態，比如我們的情感、記憶等各種**知覺**，但是，這些知覺不是笛卡兒說的那種自我。我們只能夠透過反思察覺到我們的知覺，無法透過反思認知到笛卡兒口中的自我。如果真的有自我，那麼自我頂多是一大堆知覺所構成的東西罷了。

接著，笛卡兒透過主張上帝的存在來破解懷疑主義，上帝的存在可以確保我們不會被欺騙。因此，休謨下一個目標就是反對上帝的存在。他的反對其實很簡單，笛卡兒透過本體論論證來證明上帝存在，休謨認為本體論論證根本沒有經驗證據可以支持，因此這個論證本身無法被驗證。如果本體論論證無法被驗證，笛卡兒就不能透過此論證證明上帝存在，因此笛卡兒沒有成功地消除懷疑主義。



註❻ 如「所有的人都會死」這種以「所有」開頭的知識宣稱。
註❼ 笛卡兒式的自我是種純粹的精神實體，可以獨立於知覺與肉體而存在。

## （二）質疑歸納法與因果關係

除了攻擊笛卡兒之外，休謨最著名的哲學主張還有對歸納法有效性的質疑，以及對因果關係必然性的質疑。歸納法是科學理論最常用來獲得知識的方法之一，比方說，科學家們會檢查哺乳類動物，如果他們發現這些動物都是胎生的，科學家們就會宣稱「所有哺乳類動物都是胎生的」（註8）。歸納法不但被科學家使用，也常被我們拿來使用，比如我們都認為「所有人都會死」，因為到目前為止，我們還沒看過不會死的人。休謨認為，這種透過歸納得出的結論是無效的，不能被稱為知識，我們不能從有限次的經驗中，推論出具有普遍性的知識。換句話說，就算我們透過經驗，發現到目前為止沒有不會死的人，我們也不能說「所有人都會死」，因為我們沒有檢視過所有的人。

同樣地，我們常會認為因果關係有必然性，例如，當我們說兩個事件之間具有因果關係，我們的意思是前面那個事件一旦發生，必定會使後面的事件發生。休謨認為，儘管我們可能經驗過許多次因果關係，但這僅僅表示我們經驗過「前面的事件發生後，後面的事件隨之發生」，我們的經驗內容本身並沒有經驗到因果關係的「必然

註❽ 目前科學發現，鴨嘴獸與針鼴都是卵生的哺乳類動物。

性」。換句話說，我們的經驗不是「前面的事件發生後，必然地，後面的事件隨之發生」。如果我們沒有經驗到必然性，我們就不能夠主張因果關係具有必然性。

如果我們所有的知識都是透過歸納法得來，我們就不能夠宣稱我們擁有普遍的知識，因為歸納法不是一個有效的知識來源。休謨這樣的主張挑戰了當時的科學社群，科學家與非懷疑主義的哲學家們也為此傷透腦筋，甚至說整個二十世紀的科學家都為此所苦，亦不為過。

## 哲學界的哥白尼　康德（Immanuel Kant, 1724-1804）

有人認為，德國哲學家康德是繼亞里斯多德後，最偉大也最具影響力的哲學家。康德一生保持單身，平常除了散步之外，就是埋首於桌前，鑽研數學、邏輯與哲學。他每天的生活作息非常固定，會在固定的時間出外散步。據說，由於康德散步的時間固定，鄰居們都以其散步的時間來調整時鐘。

康德的影響力主要來自於他的三大著作：《純粹理性批判》（*Critique of Pure*

大師語錄　先驗知識是經驗知識的先決條件。——康德

*Reason*）、《實踐理性批判》（*Critique of Practical Reason*）、《判斷力批判》（*Critique of Judgment*）。在康德的著作中，尤其以前面兩本著作最具有影響力。《純粹理性批判》試圖調和理性主義與經驗主義，找出我們客觀判斷背後的原則；《實踐理性批判》則致力於為道德判斷與道德原則提出普遍性的說明。

## （一）先驗知識的存在

康德早期是個理性主義者，深受笛卡兒的影響，認為人類可以透過理性獲得真理。在接觸休謨的哲學主張之後，康德對於理性主義的信心遭受到了打擊，經驗主義帶給人的衝擊十分簡單卻具有說服力。為了替自己的哲學立場辯護，康德開始他調和這兩種哲學主張的研究。

康德的基本想法很簡單，他認為理性主義和經驗主義未必是衝突的，應該可以透過某種方式化解衝突。首先，根據經驗主義，我們只能夠透過經驗獲得知識。假如經驗主義的想法是對的，所有知識都只能透過經驗來學習，要如何說明世界上有一些

### 名家軼事

雖然康德終生未婚，但這不代表康德對女性沒有喜好。據說他在擔任某伯爵之子的私人教師時，曾經暗戀此伯爵的妻子。直到伯爵夫人改嫁另外一位貴族時，康德憤而辭去教師職位，從此再也不接近任何女子。

知識，比方說數學知識，是大家都認同的呢？處於不同生活環境背景下的人，也會認同同樣一套數學知識，這代表並非所有知識都是透過經驗才能學得。於是，康德推論出有所謂先於經驗的知識，也就是先驗知識（**a priori knowledge**）的存在。

更精確來說，先驗知識並不是一種有精確內容的知識，而只是一種形式，這種形式可以用來讓我們理解我們觀察世界所獲得的經驗知識。在週二〈起源與發展脈絡〉的介紹時，我曾經用菜餚來比喻。先驗知識就像一本食譜與工具，有了食譜與工具之後，我們才能夠做出一道道菜餚，而這些菜餚就是經驗知識。

## （二）觀念論

有了這樣的設定之後，我們就可以說明為什麼會有大家都認同的知識了。由於所有人都是用同樣一組先驗知識獲得概念，如此一來當然可能得出一樣的經驗知識，而這類經驗知識對人類來說就具有普遍性，可以被視為真理。但是我們要注意，這樣的想法使康德成為一位**觀念論者**（idealist）。

觀念論的基本想法是：我們所獲得的真理都仰賴於我們的觀念，我們無法認知到觀念以外的真理。為什麼康德會這麼認為呢？原因其實就在他對於先驗知識的理解中。我們可以這樣設想，假設存在有一種非人類的生物，這種生物必定也會有它們自己的先驗知識，而且它們的先驗知識可能與人類不同（註9）。如果它們的先驗知識不同於人類，就好像它們烹飪的食譜和工具與我們不一樣，當然也就會做出與我們不同的菜餚。因此，人類只能仰賴自己的觀念與概念去獲得真理，而且這些真理的客觀性僅限於人類。不同的物種可能會獲得不一樣的真理，就好像螞蟻看待世界的方式不同於我們，但這並不代表螞蟻看待世界的方式不具有客觀性。螞蟻看待世界的方式，對螞蟻這個族群來說是具有客觀性的。

## （三）義務論

康德對於哲學的另一大貢獻是在倫理學領域上，他開創了規範倫理學領域中的**義務論**（deontology）傳統。康德認為，世界上存在有客觀的道德法則，而且客觀的道德法則不是透過經驗獲得，是透過我們的理性獲得。這些道德法則之所以具有規範力與權威性，不是因為這些法則符合我們的欲望，也不是因為這些法則可以讓我們過得更幸福，而是因為這些法則本身就告訴我們應該怎麼行為。如果我們是理性的人，自然而然會依這些法則來行為。

上述的想法康德稱之為「**定言令式**」（categorical imperative）。康德視道德法則為一種命令，而如果道德法則是一種命令，我們就有義務要服從命令，因此道德法則具有規範力與權威性。也因此，我們遵守道德法則，不是因為這樣做可以為我們帶來什麼好處，而是因為這樣做是我們的義務。對康德來說，理性可以讓我們理解到我們擁有這樣的義務，比如說，當我們思考是否要遵守諾言時，我們先思考大家是否可以不遵守諾言？如果大家都不遵守諾言，那麼諾言本身就沒有意義了。因此，一個理性的人會認為大家都應該遵守諾言，遵守諾言本身就是我們的義務。此外，只有出於義務而遵守道德法則的行為具有道德價值，如果一個人出於個人利益而遵守道德法則，這樣的行為就沒有道德價值。

## 矛盾的協調者 黑格爾（Georg Hegel, 1770-1831）

德國哲學家黑格爾是繼古希臘時期的亞里斯多德之後，少數全才型哲學家的代表。他的知識涵量有如一部百科全書，而他的哲學研究也遍及形上學、心靈哲學、

註❾ 對康德來說，身體（或大腦）的構造，決定了我們會有怎樣的先驗知識。

形式邏輯、物理、化學、生物、地質、政治、法律、美學、宗教、歷史哲學等。他的主要著作有《精神現象學》（*Phenomenology of Spirit*）、《哲學全書》（*Encyclopedia of the Philosophical Sciences*，分成三卷出版）、《法哲學原理》（*Elements of the Philosophy of Right*）。在他死後，學者們將黑格爾上課演說的講義及學生所做的筆記整理出版，重要的書有《美學講演錄》（*Lectures on Aesthetics*）、《宗教哲學講演錄》（*Lectures on the Philosophy of Religion*）、《歷史哲學講演錄》（*Lectures on the Philosophy of History*）。必須注意的是，由於不同學者所整理出來的內容不同，所以這些講演錄各自也有多種不同的版本。

### （一）世界本身就是主體

康德的理論雖然造就了一場革命，卻也引發了許多問題。就形上學而言，如果真如康德所言，客觀世界的本質隨著人類的主觀觀點而變動，那麼我們就不能主張有

**名家軼事**

據說有一次黑格爾家失火了，家中的傭人慌張地跑進黑格爾的書房，通知他這件事情，只見黑格爾不慌不忙地回答：「我不是說過很多次，我不管家事的嗎？這種事情去跟我太太說吧，不要打擾我思考。」

客觀真理存在。更重要的是，不僅人類與其他生物的主觀觀點之間有重大差異，人類與人類的主觀觀點間也有很大的不同。比方說，古代人相信以牙還牙是道德真理，現代人則否定這是真理。所謂「真理」必須是**在某個主觀條件**才有意義可言，但這個結論對形上學家來說是個災難：如果沒有客觀真理，我們要如何探究世界的本質？

如同我們在前面所述，在歷史的漫漫長河中，不同時期的真理皆有不同，甚至是互相矛盾的。這些真理都是從某時代的觀點而來，也都構成這世界的一部分。如果黑格爾要尋找世界的本質，根據觀念論，這個本質必須來自某個觀點。但是這個觀點必須**超越**所有時代的觀點，因為它不可能等於任何一個時代的觀點；如果它是某個時代的觀點，比如說，假設它是現代的觀點，那麼它就會與古代的觀點相衝突，這個觀點也就不能成為古代觀點的基礎。所以黑格爾說，**世界本身就是一個觀察主體，它本身是帶有觀點的**；它所觀察的對象就是它自己。為了說明方便，黑格爾在許多篇章中用「世界」一詞指稱作為客體的世界。當要指稱作為主體的世界時，黑格爾使用的詞彙是「**世界精神**」（Spirit）。

大師語錄　凡是存在的皆是理性的，凡是理性的皆是存在的。——黑格爾

## （二）正反合辯證法

精神是個主體，它也必定能夠思維。它的思維方式就是黑格爾知名的辯證法。與人類一樣，在初始階段，它對於某個特定概念會提出一種觀點。這個觀點就稱為「**正題**」。但是，因為精神處於初始階段，這個觀點必定是片面而不完整的。為了達到完整的觀點，精神必須不被這個觀點所囿限，必須超脫出正題。當它超脫出正題的觀點時，它的觀點就被擴大，進入一個全新的視野，這個新觀點就被稱作「**反題**」。

正題與反題之間的關係不一定是邏輯學意義下的矛盾，更恰當的說法是「**對立關係**」。因為從正題的觀點來看，反題是一個全然不同的觀點，兩者之間的差異很大，甚至大到彼此不協調的地步。精神雖然面對兩個彼此不協調的觀點，但精神知道兩者都是真理的一部分，所以精神就進入**反思**的階段。在反思的過程中，精神思考兩種觀點的理由，並尋求一個更高的視角，俯視前兩個觀點，這時它得到的新觀點稱作「**合題**」。在合題的觀點下，正題與反題之間的對立便消失，兩者各自扮演恰如其分的理論角色，此時各別的地位與角色才會真正顯露出來。

我們以理性主義到康德之間的哲學史為例，示範辯證法的應用。十七世紀的哲學家認為算術、幾何學這類天生知識才有絕對的確定性，經驗知識則沒有，因為經驗時常欺騙我們。理性主義這種對知識的觀點是當時的主流觀點，但理性主義僅是片面觀點，並不是完整觀點，因此必須被**超越**（以黑格爾的術語來說是「**否定**」）。當人們超越（否定）理性主義時，發現到天生知識不可能存在，這是因為如果人的心靈不跟外在世界有因果關係的連結，人就不可能具有關於世界的資訊，所以人不可能天生就有知識。知識必須有經驗作為來源，就連數學也不例外。這種經驗主義的知識觀點即是反題，當人們超越理性主義的觀點而進入經驗主義的觀點時，他們發現這是一個全然不同的觀點。

理性主義與經驗主義之間很難調合，但是兩者都掌握了部分真理，所以兩者之間的對立必須被統合。康德的理論就是合題：在康德的理論中，兩者之間不再對立，而且各自的恰當角色能夠充分展現。康德主張數學是人類認知世界的天生結構，理性主義正確的地方在於指出數學是天生的知識；經驗主義正確的地方在於指出知識必須有經驗作為來源，因為數學只是結構，其本身無法提供外在世界的資訊。

黑格爾主張每個時代的觀點都是真理，因為不同時代的真理不同，所以**真理會變動**。但黑格爾認為每個時代的真理都只是相對的，當精神對於自身的認知達到最完整、融貫的狀態時，它就被稱為「**絕對精神**」（Absolute Spirit）。他認為只有絕對精神才是絕對的真理。

### （三）真正自由的倫理生活

黑格爾的倫理學乃是針對法國大革命時代思潮的超越（否定）。在他之前的自由主義者把個人當作一顆顆孤立的原子，個人與個人之間本來沒有任何關係，為了各自的利益，才互相合作組成一個社會或國家。自由主義者認為，當一個國家或社會無法繼續維持人與人之間的平等合作關係，或者當個人組成社會後其利益受到的損失，比起人們不組成社會所受到的利益損失還要大時，人們就有權利從社會中脫離出來。我們可以看出自由主義者的主張預設了一個前提：個人的自我認同可以先於社會存在，可以獨立於其所屬的社會脈絡。

黑格爾銳利地指出自由主義的基本預設並不恰當。每個人的自我其實都深刻地根植於他所屬的「命運共同體」。我是誰呢？我不僅是我，我還是某人的父／母、子／女，同時還是別人的同學、老師或朋友。我不是一個孤立的個體，而是某些共同體的一分子，比如籃球隊隊員、哲學學會會員、合唱團團員。生活在這些共同體之中的成長經驗，與這些夥伴同甘共苦、彼此之間不離不棄等等，這些背景構成了我們每個人的自我。因此，對於黑格爾而言，自由主義並沒有恰當地捕捉到「社會即是命運共同體」的特徵。

從這個角度來看，我們可以清楚地知道自由主義者所提倡的倫理生活方式，並不能帶給人們真正的自由。真正自由的倫理生活必須能同時尊重人類的個體性及人類的共同體面向。也就是說，在自由的倫理生活中，每個人不僅可以充分發展自己的利益、興趣，同時也能認同社會的共同價值，認同自己是這個共同體的成員。在這樣的倫理生活中，人才能獲得幸福。我孝順父母，不只由於這是一項道德義務，更由於我敬愛我的父母，因為身為人子構成了我的自我認同。同理，我遵守社會規範不僅因為這是一項義務，也因為我認同這個社會，我是這個共同體的一分子。因此，在克盡義務的同時，每個人也在實現自我認同。

分析哲學的典範

## 羅素（Bertrand Russell, 1872-1970）

英國哲學家羅素是當代最知名的哲學家及數學家之一，他和弗雷格、維根斯坦並列為開創整個英美分析哲學體系的先驅。羅素是個無可救藥的數學迷，自從十一歲那年接觸到數學之後，他深深著迷於數學中那種嚴格的證明系統，認為只有數學能夠作為獲得真理的工具。到了三十八歲，他與懷德海合寫《數學原理》（*Principia mathematica*）一書，這本書被視為現代數學的基礎，希望能夠將數學化約為邏輯，可惜最後終究沒有成功。其他有名的著作還有經典的《西方哲學史》（*A History of Western Philosophy*）以及《哲學問題》（*Problems of Philosophy*），前者對研究哲學史的學者來說是非常重要的工具，後者則是清晰簡易的哲學入門書籍。

### 名家軼事

羅素一生風流成性，曾經歷四次婚姻與許多次的婚外情。由於羅素早年在越戰期間發表過許多反美言論，而被指控為「反美主義者」，但是羅素本人對這種指控的回答是：「我的妻子有一半以上是美國人呢！」

## （一）空詞難題

羅素在哲學上的最大貢獻，在於使用邏輯作為分析語言的工具，使得語言哲學因此躍上檯面，成為二十世紀最主流的哲學議題之一。在語言哲學上，羅素透過邏輯解決了當時語言哲學中困擾許多哲學家的「空詞難題」。在當時的哲學圈，由於羅素的影響，人們熱衷於透過分析語詞的概念，研究一個語句到底是什麼意思。比如今天有個語句是「屏東位處於台灣的南端」，我們要了解這個語句的意思，就要知道「屏東」、「位處」、「台灣」、「南端」等語詞的概念，然後才能理解這個語句。了解語句的意思之後，才有辦法說出這個語句是真的還是假的。

但是，這樣的方式在遇到某些語句時會遇到困難，比如羅素最出名的例子「當今法國國王是禿頭」，我們可以了解這個語句中的各種語詞，也了解這句話的意思，但是這句話到底是真的還是假的呢？我們知道，現在的法國根本沒有國王，這樣的話，我們是否得說這句話是假的？等等！如果我們說這句話是假的，我們的意思好像會變成「當今法國國王不是禿頭」，但這不是我們的意思啊，因為現在根本沒有法國國王。可是，我們又不能說這句話是真的，那麼，難道要說這句話不是真的也不是假





大師語錄 邏輯是概念分析最重要的工具。——羅素

的嗎？這麼做又會違背了廣為人所認同的「**二值原則**」（the principle of bivalence）。根據二值原則，一個語句如果不是真的就是假的，不會有其他選項。

## （二）確定描述詞理論

空詞難題困惑了當時許多哲學家，而羅素的貢獻則是透過邏輯分析「當今法國國王是禿頭」這個語句，提出「**確定描述詞理論**」（the theory of definite descriptions）來解決空詞難題。羅素認為，當我們面對一個以確定描述詞（註10）作為主詞（比方說「當今法國國王」）的語句時，這個語句包含有三種宣稱，第一種是**存在性**的宣稱，意思是這個主詞所指稱的對象是實際上存在的。第二種是**獨一性**的宣稱，意思是這個主詞只會指稱一個對象。第三種是**述詞**（註11）的宣稱，意思是這個主詞合乎述詞的描述。

如果以這種方式理解「當今法國國王是禿頭」，意思是說這個句子本身包含了三種宣稱：第一種宣稱是「存在有一個人，這個人是當今法國國王」；第二種宣稱是「只有一個人是當今法國國王」；第三種宣稱是「這個人是禿頭」。接著，如果要主張「當今法國國王是禿頭」這個語句是真的，這個語句所包含的三種宣稱都要是真的

註⑩ 確定描述詞指的是一個有確定指稱對象的主詞，比方說「當今美國總統」、「比克大魔王」、「魯夫」等等，不論這些語詞指稱的對象是否存在，這些語詞都有一個確切的指稱對象。

註⑪ 我們可以將「述詞」理解為某種性質，比如「是哲學家」、「是禿頭」、「會說英文」等等，可以用來說明一個人所具備的性質。

（註12）。只要其中一個宣稱是假的，我們就可以說這句話是假的。因此，我們現在可以很放心地說「當今法國國王是禿頭」這句話是假的，因為第一個宣稱是假的，現在並不存在有法國國王。

透過這種方式，我們就可以談論許多涉及空詞的語句，並且在賦予這些語句真假值的時候，說明這個語句之所以是假的意思是什麼，不用再像一開始那樣，認為「當今法國國王是禿頭」是假的，就好像必須說「當今法國國王不是禿頭」。羅素以邏輯為基礎，讓我們能夠在日常生活中更多層面上討論語句的意義與真假值，以此避開當時語言哲學與邏輯普遍遭遇到的批評：能夠探討的語句類型太過狹隘。

## 最難懂的哲學家 維根斯坦（Ludwig Wittgenstein, 1889-1951）

維根斯坦出生於奧地利的維也納，並在納粹吞併奧地利之後轉入英國籍。他有猶太人血統，據說中學時期和希特勒（Adolf Hitler）是同學。維根斯坦是邏輯學家、語言學家與哲學家，是二十世紀語言哲學的奠基人之一，與羅素、弗雷格並列為英美

註⓬ 這裡是訴諸古典邏輯中「而且」（and）這個連接詞的使用規則。如果「A而且B而且C」是真的，則A、B、C都要是真的。只要三者之中有一個是假的，那麼「A而且B而且C」就是假的。

分析哲學的始祖。維根斯坦早期的哲學著作為《邏輯哲學論叢》（*Tractatus Logico-philosophicus*）（註13），後期則為《哲學研究》（*Philosophical Investigations*）。

維根斯坦是少數幾個晚年拚命攻擊自己早期作品的哲學家，他的哲學思想大致可分為早期與晚期。兩個時期他所注重的哲學議題皆是人類的語言、思想和世界的關聯，只不過早期與晚期的答案有了戲劇性的轉變。維根斯坦的哲學思想對後代影響深遠，他早期的哲學主張直接影響了後來的蒯因、戴維森（Donald Davidson, 1917-2003）等重要哲學家；晚期的哲學主張非常接近牛津的「日常語言學派」。

但是不論哪一個時期，維根斯坦都認為哲學問題只是語言的問題。換句話說，如果我們對語言問題有一個清楚的理解，我們就可以解決所有的哲學問題。

## （一）語言與世界有一個嚴謹的對應關係

讓我們先從早期的維根斯坦開始介紹。維根斯坦早期受到弗雷格與羅素影響，

**名家軼事**

維根斯坦是羅素的學生，被認為是不世出的哲學天才。維根斯坦博士學位的口試委員之一是羅素。在口試過程中，維認為羅素根本沒有讀懂他的論文，竟拍了拍羅素的肩膀說：「不要急，你以後就會懂了。」

認為語言作為一種工具，可以幫助我們了解世界的樣貌，而且語言事實上就是思想的實體化，我們將自己對於世界的想法透過語言展現出來，因此語言與世界有了一個嚴謹的對應關係。維根斯坦與當時的語言哲學家大多都認為語言有邏輯結構。因此，如果語言與世界有嚴謹的對應關係，而語言又有邏輯結構，就表示這個世界必定也具有某種邏輯結構。

接著，根據維根斯坦的想法，由於語言是思想的具體實現，因此語言的限制就來自於思想的限制。而思想又是我們對於世界的認知，因此思想的限制就來自於我們對於世界認知的限制。接著，思想有所限制，這表示我們對世界的認知有極限。如果有些東西我們沒辦法透過語言說清楚，那就表示這些東西是我們想不清楚的；如果這些東西我們想不清楚，那就表示這些東西超越了我們對於世界的認知。因此，如果哲學問題可能被我們清楚地回答，那麼我們一定可以清楚地回答，但是顯然，到目前為止我們並不能清楚地回答哲學問題（註14）。如果我們不能清楚回答哲學問題，那就表示我們根本不需要再花時間去尋找哲學問題的解答，因為我們不可能清楚地回答哲學問題。換句話說，維根斯坦認為如果有些東西我們有可能說清楚，我們就一定可以說清楚；如果我們沒辦法說清楚，那就表示我們永遠也不可能說清楚。既然哲學問題的



註⑬ 拉丁文。
註⑭ 到目前為止，沒有一個哲學問題可以有一個大家都認同的答案。

答案是我們無法說清楚的，那麼想辦法說清楚哲學問題的答案，是沒有意義的。

## （二）語言的意義應視其使用目的與情境

維根斯坦在晚期推翻了自己的想法。早先他認為語言與世界有一個對應關係，這個對應關係可以從兩者之間都擁有一個嚴謹的邏輯結構來說明，因此語言所代表的意義，就會反映這個世界的樣貌與事實。到了晚期，維根斯坦認為語言與世界根本就沒有這樣的對應關係，語言的意義並非反映了這個世界的樣貌；語言的意義必須取決於語言的使用者，而不是與這世界有一個固定的對應關係。

於是，維根斯坦主張語言的意義應該從兩個面向決定，一是使用語言時的**目的**，另一是使用語言時的**情境**。試想下列兩個情境：（一）當小明考一百分時，小明的老師開心地跟小明說「幹得好」。（二）當小明考零分時，小明的老師不屑地跟小明說「幹得好」。在這兩個情境下，雖然老師說的話都一樣，但表達的含意卻有天壤之別。第一個情境裡，老師是真的覺得小明很棒；第二個情境裡，老師說的話包含一種諷刺的意味。在這樣的例子中，我們可以發現語言的意思並非固定不變，會隨著情境的不同而有所不同。

維根斯坦用遊戲來說明這樣的現象，他認為在日常生活中，語言的使用其實具有非常多的規則，不同情境下語言的使用會有不同的規則，而我們就穿梭在這些不同的規則之間，在適當情境下使用適當的規則來表達我們的意思。語言本身不會有任何意義，只有人類才能夠賦予語言意義。

在這種「語言的意義在於語言的使用方式」的解讀下，哲學問題對於維根斯坦來說，就好像是一種治病的行為。我們的思想時常受到迷惑，我們常深陷不同的情境之中而不自知，哲學就是要讓我們理解到這一點。同時，當我們能夠釐清我們的情境之後，我們就可以為語言做出一個描述性的說明，如此一來就可以避免概念的混淆。比方說，當我們在爭論「什麼是正義」時，只要我們可以釐清使用「正義」這個詞的目的以及情境，只要我們可以給「正義」一個清楚的描述，如此一來我們就可以解決這個哲學問題了。因此，對於維根斯坦來說，許多問題看起來像是哲學問題，其實都只是語言問題。

大師語錄　哲學問題只不過是語言的問題罷了。——維根斯坦

## 波普（Karl Popper, 1902-1994）

波普跟維根斯坦一樣，都出生於奧地利的維也納；很巧的是，兩者也都在後來歸入了英國籍。波普在科學與哲學上的貢獻是無與倫比的，主要的著作為《臆測與駁斥》（*Conjectures and Refutations*）和《開放社會及其敵人》（*Open Societies and its Enemies*）。他所提倡的「**否證論**」對於當代科學、哲學與社會學社群造成了廣大的影響，也因此使他成為有史以來第一個被英女王伊麗莎白二世冊封為爵士的哲學家。

### （一）邏輯實證論

二十世紀初，由於維也納學派的興起，邏輯實證論在當時的科學與哲學社群成為主流。邏輯實證論的核心思想在於「**可檢證原則**」（亦見週二〈起源與發展脈絡〉

**名家軼事**

據說有一次波普受邀到英國的倫敦學院演講，講題是：「真的有哲學問題嗎？」（Are There Philosophical Problems?）。當時也在座的維根斯坦不同意波普的主張，竟憤怒地拿起會場的撥火棒，向著波普猛烈揮舞。

的「邏輯實證論」一節），簡單來說，這個原則是一個語句或命題必須有可能受到經驗證實，這個語句或命題才具有意義。反之，如果我們不可能透過經驗證實一個語句，這句話就沒有認知意義。舉例來說，廣被認可的「上帝是全知、全善、全能的存在」這樣的語句，由於我們根本沒辦法透過經驗檢驗這句話是真是假，因此對於邏輯實證主義者來說，這句話不具有認知意義；換句話說，我們根本不應該在乎這句話。

接著，邏輯實證論者們結合了可檢證原則與**歸納法**，依此畫出科學理論的界線。他們認為，所有科學理論必須能夠受到經驗的驗證，如果無法受到經驗的驗證，此理論就沒有任何意義。接著，理論受到驗證的程度愈高，這個理論就愈接近真理。比如「烏鴉是黑的」這個命題，我們透過愈多次的經驗驗證烏鴉是黑色的，這個命題就愈接近真理。

## （二）否證論

但是，波普不滿意上面這種說法。他同意科學理論必須能夠受到經驗的驗證，但是不同於邏輯實證論者，波普認為一個可能被證實為假的理論，才能夠算是真正的科學理論。之所以會有這樣的想法，在於當時的時代背景對波普來說充斥著許多偽科

大師語錄　所謂的科學理論，就是有可能被否證的理論。——波普

學。波普反對當時普遍被認為是科學理論的佛洛伊德心理學，以及馬克思主義所主張的唯物辯證法。許多人認為佛洛伊德的心理學是科學，而且根據邏輯實證論，佛洛伊德心理學也確實能夠受到經驗的驗證；同樣地，馬克思主義的唯物辯證法也是以歷史為基礎，建立在過去的經驗上。但波普認為這些都不算是科學，因為這些理論都不可能受到否證。

以佛洛伊德心理學來說，雖然有時候確實能夠透過理論說明某些經驗現象，但是一旦理論與經驗現象不符合時，佛洛伊德總是能夠再透過其他方式解釋不符合的原因。換句話說，佛洛伊德的心理學永遠不可能出錯。類似的問題也出現在唯物辯證法、占卜、星座算命等，一旦經驗證據與理論的預測不合，這些理論都可以透過另外的解釋，說明預測之所以不合的原因。因此，這些理論永遠不可能證明是假的。大家一定有過類似的經驗，今天看了報紙上面說金牛座本日會有好運，但是如果月亮跑到某某位置（天知道月亮到底跑到哪裡），會使得金牛座因此失去好運等等。如此一來，不管金牛座的人今天到底有沒有好運，星座預測都不會出錯。

為了解決這樣的問題，波普認為真正的科學理論應該要有可能被證明是假的，而且有愈多被證明是假的可能性，這個科學理論就愈有價值。假設今天有兩個科學理論A與B，我們有五種可能證明A是假的，有十種可能證明B是假的，波普會認為B這個理論更具有價值，因為這表示B能夠提供給我們更多的訊息。比如說A「烏鴉是黑色的鳥類」以及B「烏鴉是黑色的鳥類，而且只有兩隻腳，飛行時速為每小時六十公里」，顯然，理論B被否證的可能性比理論A要來得多（註15），但理論B是比較有價值的理論，因為它提供我們較多的訊息。

波普透過他的否證論回應休謨對於科學理論的批評。休謨認為科學理論建立在歸納法之上，而歸納法是一種無效的推論，其結論因此是無效的。波普認同休謨對歸納法的批評，但波普認為休謨搞錯了一件事，休謨認為科學理論是從歸納法得出的「結論」，因為歸納法無效，因此這個結論也是無效的。波普認為科學理論永遠都只是「**假設**」，既然是假設的，那麼科學理論當然可以出錯。一個出錯可能性愈高的科學理論，就愈具有科學價值，而且所有的科學理論在被否證之前，都只是暫時被我們接受的假設而已，並不代表這個科學理論就是真理。

波普認為這樣的想法才是一個真正用來刻畫科學理論的方式：科學理論都是一種「假設」，在沒有被證明為假之前，我們暫時接受它。經驗證據不可能證明一項科學理論是真的（註16），只能證明一項科學理論是假的。波普的哲學主張，將科學哲學



註⓯ 我們有三種方式證明理論B是錯的，但只有一種方式證明理論A是錯的。

註⓰ 因為科學理論通常都是普遍性的命題，根據休謨對於歸納法的攻擊，歸納法無法得出一個具有普遍性的結論，就好像驗證了一百萬隻黑色的烏鴉，也不能夠因此主張「所有的烏鴉都是黑色的」。

帶入另外一個境界，深深影響了接下來諸如孔恩（Thomas Kuhn, 1922-1996）、拉卡托斯（Imre Lakatos, 1922-1974）等重要科學哲學家的哲學思想。

## 正義的代言人　羅爾斯（John Rawls, 1921-2002）

羅爾斯出生於美國，畢業自普林斯頓大學，他的著作《正義論》（*A Theory of Justice*）使他成為當代最著名的政治哲學家。《正義論》出版的年分是一九七一年，在這本書出版後的三十到四十年，整個政治哲學界與倫理學界的討論主題，基本上都圍繞著這本書打轉。甚至有人認為在《正義論》出版之後，當代的政治哲學理論都不過是這本書的註腳，由此我們可以想見羅爾斯對於哲學界的影響。

### 名家軼事

羅爾斯在哈佛大學任教時，雖然口才不佳，但授課非常認真且謙遜，因此十分受到學生歡迎。據說在每學期最後一堂課的下課時，學生都會給予他熱烈又持久的掌聲。曾有學生問他掌聲會持續多久，而他的回答是：「一直到我離教室夠遠且聽不到為止。」

## （一）何謂一個正義的社會

《正義論》這本書最大的目的，就在於論述「何謂一個正義的社會」。羅爾斯在這本書的第一章就開宗明義地指出，社會制度一定要符合正義。羅爾斯奉行自由主義，因此他認為一個正義的社會必定要能夠實現自由主義所帶來的價值。自由主義重視個人的獨特性，重視個體的權利，並且承認多元價值觀。一個正義的社會絕對不允許任何強迫他人遵奉某種價值觀，以及忽略個人自主性的行為。

羅爾斯透過一系列的哲學論述，說明在哪些規則下，這個社會才會是符合正義的社會，而且我們要透過怎樣的方式來獲得這些規則。羅爾斯認為，理性是我們所擁有的最佳工具，它可以幫助我們獲得正義的規則，建立符合正義的社會。接下來，讓我們來看看羅爾斯是如何透過理性，思考正義的規則與正義的社會。

## （二）原初立場

羅爾斯從一個假設的情境開始，假設我們雙方在玩牌，發牌時有一張牌掉了，而且兩邊都看到這張牌。這個時候，兩方在什麼情況下會同意重新發牌？羅爾斯認為，只有在兩邊都還沒有看到自己手牌的情況下，兩方才有可能同意重新發牌。如果有一方看到自己拿了一手好牌，很可能就不願意重新發牌了。而且，只有在兩邊都沒有看到手牌的情況下，重新發牌才會讓兩邊都認為是公平的。因此羅爾斯認為，當我們在思考這個社會需要有什麼樣的原則時，最好的情況就是每個人都不知道自己的手牌；換句話說，人們都不知道自己的社會地位、性別、種族、才能、體力等。在缺乏這些資訊的情況下，人們才會共同制定出對「所有人」來說最公平的規則，這種情境就是羅爾斯所謂的「**原初立場**」（original position）。

處於原初立場的人們，就好像眼前被拉上了一個布幕，失去對於自己的理解，只知道「身為一個人」所需要的最基本東西；羅爾斯認為這個東西就是「公平」。當人們處於原初立場內，就會致力追求一個公平的規則，因為沒有人希望自己打開布幕、進入社會之後，發現自己受到不公平的對待。舉例來說，現在有規則A「台灣人擁有特權」以及規則B「大家都是平等的」出現在我面前，由於我不知道自己是不是台灣人，我就會因此選擇規則B，以免我進入社會之後因為不是台灣人而處於弱勢。羅爾斯認為透過設想原初立場，對於一個理性的人來說，就會得出幾個原則，這些原則所有人都願意遵守。同時，由於所有人出於自身的考量願意認同這些原則，因此這些原則會實現自由主義者最在乎的核心價值：關注個人權利。

## （二）兩個正義原則

羅爾斯認為我們可以從原初立場得到兩個正義原則：（一）**自由原則**：每個人享有同樣多以及最基本的自由權。（二）只有在下列兩種情況下，我們可以允許人們有社會地位或經濟上的不平等：（a）在追求社會地位及經濟需求時，**人人的機會都是平等的**。（b）社會中**最弱勢的族群**，必須能夠**受到最多的照顧**。

讓我稍微解釋一下這兩個原則。自由原則顯然是出於羅爾斯的自由主義主張，他認為所有人都會同意我們要享有同樣多的基本自由權，其他人不能任意干涉我們。但是，我們不能否認社會上必定有一些不平等之處，我們不可能強迫大家在社會地位及經濟狀況上都平等，否則將會落入共產主義或社會主義的後果。那麼，我們在什麼情況下可以容許這樣的不平等呢？羅爾斯認為有兩種情況，第一種就是當人們都有平等的機會去爭取更高的社會地位及收入時，我們可以容許社會有這類型不平等的狀況發生，因為這種不平等可以靠人們的努力去消除。第二種則是這種不平等要能夠使社會最弱勢者獲得最多的照顧；換句話說，有些人在賺很多錢的同時，要能夠對社會弱


大師語錄　正義原則的選擇應該在無知之幕之後完成。——羅爾斯

勢有更多的回饋，我們才會同意人們可以有社會地位與經濟的不平等。

對羅爾斯來說，如果所有人都能夠透過理性，設想自己處於原初立場下，那麼這些人都會同意這兩個原則，因為這兩個原則是對所有人來說最公平的原則。因此，這些原則是一個正義的社會必須能夠實現的正義原則。自由主義最常被攻擊之處，在於如果太過於顧慮個人的權利，將導致國家對個人的控制力不足，社會因此失去秩序。但是羅爾斯透過他的《正義論》，論述在符合這兩種原則的情況下，這個社會不但滿足自由主義者的核心價值，尊重多元思想，減少對立，同時更是一個公平且互相合作的社會。

## 哲學家的哲學家　蒯因（W. V. O Quine, 1908-2000）

蒯因出生於美國俄亥俄州，二次大戰期間曾經在美國海軍服役，退伍時官至少校。他是一位哲學家、邏輯學家及業餘科學家，如果要選擇誰是繼維根斯坦之後最具影響力的哲學家，對許多來人說只有蒯因有資格入選。在西元兩千年蒯因去世以前，許多人認為蒯因是當代現存最偉大的哲學家。

蒯因在哲學圈最為著名的論文有兩篇，分別是《經驗主義的兩個教條》（*Two Dogmas of Empiricism*）以及《文字與對象》（*Word and Object*），這兩篇文章奠定了蒯因的哲學地位。蒯因的著作邏輯結構嚴謹，用字精確，由於他的寫作對象都是哲學家，因此他被稱為是「哲學家的哲學家」。

蒯因是一位經驗主義者，嚴格謹守經驗主義的核心主張：所有知識與真理必須以經驗為基礎。在《經驗主義的兩個教條》這篇文章中，蒯因抨擊了現行邏輯實證論中，兩個非經驗性的教條。

### （一）沒有分析語句與綜合語句的區分

第一個教條在於邏輯實證論者認為語句有所謂「分析語句」和「綜合語句」的區分。一個語句如果是分析語句，那麼我們不需要透過經驗，就可以知道這個語句的真假值，比方數學語句（註17）是分析語句，同義詞（註18）的語句也是分析語句。一個語句如果是綜合語句，我們就必須透過經驗，才能判斷這個語句的真假值，比如說「現任美國總統是黑人」，我們沒辦法僅透過語詞的意義判斷這個語句是真是假，只



註⑰ 例如，如果我們掌握了加法，「1+1=2」這個數學語句對我們來說，不需要實際拿東西來算就可以知道是真的。

註⑱ 例如，如果我們知道「羅漢腳」與「單身漢」的定義，我們就會知道「羅漢腳是單身漢」這個同義詞語句是真的。

能透過經驗實際去驗證。

蒯因反對這樣的區分；身為一個經驗主義者，他不承認有不需要透過經驗的知識存在。他認為同義詞語句並非真的是分析語句，因為語詞的意義是人類賦予的，而且語意是武斷且不確定的。假設我們一開始對語詞意義的設定是別的意思，那麼原來為真的同義詞語句就可能變成假的，而我們要怎麼設定語詞的意義仰賴於經驗，因此同義詞語句並非可以無視於經驗。此外，數學語句也不能獨立於經驗，因為我們在判斷數學語句時，必定要處於某種數學架構之下，而數學架構並非只有一種，我們必定涉及架構選擇的過程。既然我們事先選擇了某種數學架構，數學語句就與經驗相關。

## （二）沒有所謂最基本的知識

邏輯實證論的第二個教條是建立在第一個教條之上；對於邏輯實證論者來說，語句區分為分析語句與綜合語句，同時，由於分析語句不需仰賴經驗，可以透過理性與對語意的掌握來判斷真假值，因此分析語句是所有知識的基礎；綜合語句建立在分析語句之上。這樣的想法類似於笛卡兒的哲學主張：先找尋知識中最牢不可破的基礎，再從這個基礎延伸出去，如此一來就可以良好地說明我們所擁有的知識是真的。

蒯因對邏輯實證論第二個教條的批評，可以從他的第一個批評中看出端倪。他已經在前頭反對了有分析語句與綜合語句的區分，因此他認為以這樣的區分所建立的第二個教條，也是不可靠的。蒯因反對笛卡兒式的知識架構，不認為知識建立在一個最基本的基礎上。蒯因的知識架構是一種整體論式的立場，他認為沒有所謂「最基本的知識」，所有的知識都必須仰賴某種知識體系，我們可以用函數來理解這樣的主張：我們的感官經驗讓我們獲得關於外在世界的訊息，而我們要理解這些訊息，必定要訴諸某種知識架構。這個知識架構就像是一個函數，這個函數會處理我們獲得的訊息，然後給予我們一個「值」，這個值就是我們對世界的理解。但是，我們要選擇哪一個「函數」來處理資訊，是不確定也無法被決定的。如果我們無法決定「函數」，我們得出的「值」就不夠穩固，當然也就不能夠拿來當作最基本的知識。

## (三) 科學是唯一幫助我們認識世界的學科

對蒯因來說，我們所仰賴的函數就是經驗科學；科學是唯一可以幫助我們認識世界的學科。亞里斯多德的科學觀是一個函數、愛因斯坦的科學觀也是一個函數，我們必定要採取某個函數，才能夠理解這個世界。




大師語錄　哲學就是科學的延續。——蒯因

要注意的是，蒯因並不認為所有的科學觀都一樣好，他會主張愛因斯坦的科學觀比亞里斯多德的科學觀來得正確，且更能夠告訴我們世界的樣貌。這樣的差異並不是本質上的差異，而是程度上的差異。愛因斯坦的科學觀比較好，不是因為他帶給我們真實，只是因為他的科學觀比起亞氏的科學觀來說，讓我們更接近真實。

最後，蒯因認為哲學的功能就是在檢視科學理論。科學理論中有許多基本觀念（註19），對科學家來說理所當然，而哲學就是要去挑戰所謂的理所當然，讓科學家們知道，這些預設並非如他們想像的這麼簡單。

## 3分鐘重點回顧

❶ 與蘇格拉底相關的論述，幾乎都是他的學生柏拉圖所記錄，此外，柏拉圖時常將自己的想法，透過蘇格拉底的嘴巴說出來。

❷ 柏拉圖認為民主政治只會為國家帶來不好的後果，我們真正應該採取的是君主專制，賢明的君王才能夠治理好一個國家。

❸ 亞里斯多德可以被稱為西方第一個有系統從事研究的科學家；目的論貫穿了整個亞里斯多德哲學的核心。

❹ 奧古斯丁是中世紀時期最偉大的教父，其最大貢獻在於整合整個基督教的教義，讓基督教不再處於眾說紛紜的困境下。

❺ 阿奎納一生最大的目標，就是將信仰與理性結合，希望創造出具有理性基礎的基督教信仰。

❻ 阿奎納的五路論證是著名的上帝存在論證之一，以亞里斯多德哲學為基礎而衍生出來。

❼ 笛卡兒被稱為「近代哲學之父」，西方哲學之所以開啟知識論的討論風氣，笛卡兒的哲學是最主要的原因。



註⓳ 包含真理、存在、必然性等科學家自然而然會接受的基本觀念。

❽ 笛卡兒是一位理性主義者，他認為我們可以僅透過理性獲得真理。

❾ 洛克是經驗主義者的先驅，他反對笛卡兒，並主張只有經驗可以作為真理的基礎。

❿ 休謨反對笛卡兒對於自我的看法，認為自我不過是一堆知覺的集合，而不是像笛卡兒所說，我們可以透過理性論證純粹自我的存在。

⓫ 休謨對歸納法提出質疑，認為歸納法沒辦法得出具有普遍性的結論，因為我們從來沒有經驗過所有的東西。

⓬ 康德被認為是調和理性主義與經驗主義的大家。他認為理性所能認知到的只是形式，沒有內容；只有經驗可以產生內容。

⓭ 黑格爾將康德的觀念論發展到極致，認為世界本身就是觀察主體，黑格爾稱之為「世界精神」；其辯證法是世界精神的思維方式。

⓮ 羅素被認為是英美分析哲學的創始者之一，開創了西方哲學中語言分析的研究取向。他透過邏輯解決當時語言哲學中著名的「空詞難題」。

⓯ 維根斯坦同樣被認為是分析哲學的創始者，他的哲學主張在早期與晚期有巨大改變。他認為哲學問題都只是語言問題；一旦語言問題可以解決，就不存在有哲學問題。

⓰ 波普是著名的科學哲學家，他不滿意邏輯實證論者對於科學與偽科學的界線畫分，於是提出「否證論」來取代，主張科學理論必須具備「可否證性」，無法被否證的理論不能算是科學理論。

⓱ 羅爾斯是二十世紀最具影響力的政治哲學家，他的《正義論》主張「正義即公平」，訴諸「原初立場」來推論出兩個正義原則。

⓲ 蒯因曾被稱為「哲學家的哲學家」，因為他的著作用字嚴謹精確，寫作的對象以哲學家為主。

⓳ 蒯因在他著名的文章《經驗主義的兩個教條》中，反對經驗主義者認同「分析語句」和「綜合語句」的區分，以及這種區分下所產生的知識基礎。

Day 04 Thursday

星期四

# 學科分支

-Discipline-

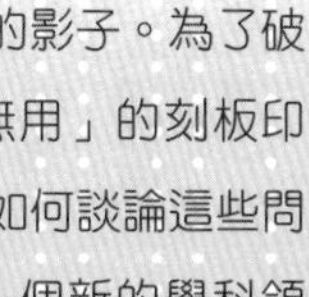

作為一門關於思考的學問，哲學的影響力廣泛且多元。我們時常可以從各種不同的學問中看到哲學的影子。為了破除哲學是一種「空談」、「玄學」與「無用」的刻板印象，我們從具體的學問出發，看看哲學家如何談論這些問題，並豐富這些學問的內涵，從而開啟一個新的學科領域。

# 哲學與其他學科激盪出了哪些火花？——哲學的分支

先前我們討論過，哲學是一門關於「思考」的學問。既然是一門關於思考的學問，勢必擁有許多向外延伸的發展性，因為任何一門學問都無法忽視「思考」的重要性。哲學研究發展至今，其觸手伸入許多社會中不同的學科及領域，我們甚至可以說，許多學科之所以能夠產生，或者在往後的日子得到更深遠的發展與影響，哲學研究功不可沒。今天我們將介紹哲學研究如何影響其他學科的發展走向，以及我們如何透過哲學方法，認識在這些學科領域中我們所面臨的問題。

## 一 政治哲學

哲學家其實可以非常入世，而政治哲學正是哲學家入世的代表。「政治」涉及公眾之事，既然是跟公眾有關，所有人當然都有一定程度的發言權，也因此，政治生活遍布在我們的日常生活中，影響著許多人，也被許多人影響著。

政治哲學研究的問題，不同於一般人對於「政治」兩個字的理解。現代基於各種人性與權力之間的角力，使得許多人認為政治是一池渾水，少碰為妙。同樣地，對許多人來說，政治生活充滿了各種鬥爭與權謀，政治參與者很少有人可以全身而退，更多的是一起沉淪於政治泥淖。但是哲學家討論的政治哲學卻不是這一類的問題，哲學家將政治拉到哲學層面時，許多討論涉及的是「**正當性**」（註1），或者說「**合理性**」。為什麼我們要接受國家的統治？我們應該用什麼方式決定國家的未來？國家可以如何影響我們的財產？接下來就讓我們透過這幾個政治哲學議題，認識一下哲學家如何研究政治。

註❶ 一項行為符合某些規則，則具有正當性。此規則可能是法律或道德等。

## （一）國家統治的正當性

世界上被聯合國承認的國家大約有兩百個，這兩百個國家的領導人大都宣稱自己是合法政府，擁有主權，也擁有統治國家人民的權利。我們可能都曾思考一些問題，比如：「為什麼國家可以合法統治我們？」「為什麼我們的行為要受到國家的約束？」當我們思考這些問題時，我們真正想問的是：「國家的正當性來源為何？」這個問題可能還是有點難理解，如果用更一般的語氣詢問，我們想問的是：「是什麼原因，讓國家統治人民的行為具有正當性？」

舉例來說，當我們在學校念書時，學校老師可能會要求我們服從某些指令。老師會要求我們準時交作業、考期末考、打掃環境等等，而多數人會服從老師的指示，認為那些確實是我們該做的事。但是，如果今天隨便換一個路人，從校外跑進來，站在講台上要求我們這麼做，大概很少人會認為我們應該服從這個路人的指示。為什麼第一種情況我們認為應該服從，而第二種情況我們不這麼認為呢？顯然，兩種情況有一些差異，就是這種差異使我們產生不同的想法。這種差異就是「正當性的有無」。

在第一種情況下，我們會認為老師的指令具有正當性，因此我們應該服從；在第二種情況下，我們不認為路人的指令具有正當性，因此我們可以拒絕服從。如此一來，我們大概可以得出一個結論：正當性的有無，對於我們是否該服從一個主體來說十分重要。除非一個指示或命令具有正當性，否則看起來似乎沒有服從此指示或命令的義務。那麼，回到一開始的問題，如果有人主張我們有服從國家的義務，這些人就必須能夠說明國家具有正當性。

### ☼國家正當性來源的可能情況

在中世紀政教合一時期，當時的學者認為國家的正當性來自上帝的授予。由於所有人都是上帝的子民，因此上帝具有統治人民的正當性，人民有義務服從上帝的管理；這就好像我們通常會認為父母具有管教我們的正當性，我們也因此有義務服從父母一樣。由於國王是上帝的使者，上帝將統治人民的權利交給國王，如此一來，國王也就擁有統治人民的正當性。國王擁有了統治人民的正當性之後，這個國家也因此具有正當性。但是，這樣的想法很難說服所有人，尤其在文藝復興之後，宗教對國家的影響力愈來愈小，人們漸漸無法滿意這種說法。於是，哲學家試圖透過其他方式說明國家的正當性。不難想像，當群眾力量愈來愈大時，哲學家將腦筋動到了人民頭上。





大師語錄　自然狀態就是一種戰爭狀態。——霍布斯換句話說，有些哲學家主張國家的正當性，其實就是從**國民**身上而來。

## ✲國家正當性來自於國民：契約論

要說明這種主張之前，我們必須先回答一個比較務實的問題：為什麼我們需要國家？為了回答這個問題，我們要設想在沒有國家的情況下，我們會面臨什麼困難，然後說明基於這些困難，人們需要國家。這種假設沒有國家的狀態，被哲學家稱為「**自然狀態**」（state of nature）。英國政治哲學家**霍布斯**認為，在自然狀態下，人們互相處於敵對狀態，如此一來，人與人之間的相處沒有所謂的和平，永遠都是弱肉強食的戰爭狀態。但是，人跟動物不一樣的地方，在於人們會思考怎樣對自己最有利。自然狀態使所有人處在一樣危險的情境下，這種生活方式十分地不穩定，因此，假使大家都願意放棄自己的一部分自由與武力，將這份自由與武力交由一個公正的第三者掌控，以此換取平穩的生活，解除人際之間的互相爭鬥與猜忌，如此一來才是對所有人最有利的選項。因此，我們需要國家。

透過這種論述，國家權利的來源是人民，因此國家具有統治人民的正當性。這種說明國家正當性的說法被稱為「**契約論**」，因為這種情況就好像人民與國家簽了契約一樣，國家負責保護人民的生命財產，人民則將部分的自由與武力交給國家。由於彼此之間有義務遵守契約的內容，人民因此有義務服從國家的統治。

## （二）政治體制的正當性

確立了國家的正當性之後，並不代表問題就結束了，我們接著將面對下一個問題：我們應該採取哪種政治體制？哪種政治體制才具有正當性？對我們來說，大概可以說出下列兩種政治體制（註2）：**君主專制與民主政治**。那麼，究竟哪種體制才是我們應該採取的制度呢？

或許對許多人來說，這個問題很輕易就可以回答，因為君主專制看起來似乎不那麼具有吸引力。顧名思義，君主專制的核心概念，就是主張有個集所有大權於一身的君王，這個君王透過自己的判斷，決定國家的方向及未來。在歷史上，我們時常可以看到君主專制帶來的不良後果，殘暴昏庸的君王導致整個國家的衰亡等等。但是，這種制度真的如許多人認為的那樣不值得採取嗎？事實上，對某些哲學家來說，君主專制反而是一種真正值得我們採用的制度。



註❷ 共產主義與社會主義嚴格說來應該算是「經濟制度」，而非「政治制度」，因此在這裡沒有將這兩種列入。

## ❁柏拉圖

歷史上支持君主專制最有名的哲學家，大概非柏拉圖莫屬。在先前的章節裡，我們稍微提過柏拉圖如何在他的著作《理想國》中提倡君主專制，反對民主制度。柏拉圖批判民主政治的地方，在於「民主政治無法確保我們選出具有專業技能的統治者」。他提出一個例子：當我們受傷時，我們會去找醫生幫我們治療傷口，而不是去找一大群人，請他們表決應該怎麼治療傷口。他將政治比喻為一種技藝，國家的健康就跟我們的健康一樣重要，所以管理國家的人必須具備專業的技能，而柏拉圖認為民主政治無法選出具有這些技能的人。對柏拉圖來說，真正能夠使人們獲得最大利益的是那些擁有賢明君王的國家，而非那些將未來交付給人民去判斷的國家。

有些人可能會疑惑，為什麼民主政治無法選出具有這些技能的人呢？民主政治的核心思想不就是「以民為主，選賢舉能」嗎？要回答這個問題，我們可以從「**投票**」這項行為所代表的意涵來思考。

對許多支持民主政治的人來說，「投票」的目的就是為了選出賢能的人來治理人民，但是要達到這個目的，必須預設大眾能夠判斷誰是賢能的人，或者至少大多數的人能夠判斷誰是賢能的人，否則賢能的人就無法勝出。然而，第一，判斷賢能的人**需要有足夠的判斷力**，對柏拉圖來說，這種判斷力不是人人都有的，必須受過一定的訓練才能夠擁有。第二，就算人們有這樣的能力，也不代表人們都以此為目的投票。人們在投票時可能出於兩種動機，一是**選擇賢能的人**，二是**選擇對自己有利的人**。如果我們不能保證人們是以第一種動機來投票，我們就不能保證人們投票是為了選擇賢能的人。如果人們選出來的不是賢能的人，俗話說得好，「錯誤的政策最是要命」，這樣的後果會非常危險。

### 德沃金

民主政治是否因此被打敗了呢？或許不一定。剛剛在說明君主專制的優點時，大部分是透過公眾的利益為出發點；也就是說，君主專制在遇到賢明君王時，或許是種可以使大眾獲得最大利益的制度。然而對於許多人來說，民主政治的價值或許不在於公眾的利益，而在於實現「平等與自由」。民主政治或許無法讓我們獲得最大利益，卻在最大程度上保障了人民的基本權利，這些才是民主政治的價值所在。

美國哲學家德沃金（Ronald Dworkin, 1931-2013）認為，我們大家在政治上都屬



大師語錄　公平的社會應該致力於讓公民擁有相同的財富，還是相同的機會，還是只讓每個人擁有滿足其最低需要的財富？——德沃金

於夥伴，如果我們提出的決策所造成的後果不符合公益，那麼在改進決策的同時，我們也必須一同承受這樣的後果，因為我們是同一條船上的夥伴。而且，不管哪種政治體制，都要能夠盡可能地達到一個平穩的社會。在決策錯誤造成人民失去利益的情況下，民主政治會比君主專制來得更平穩，因為前者由人民決定政策，人民會心甘情願地負責；後者人民無法決定政策，便會將責任怪罪到君王頭上，造成社會不穩定。

不論是君主專制或民主政治，或許都無法輕易地擊敗對方，而這也正是哲學家覺得有趣的地方。透過彼此更深一層地挖掘，我們或許又可以從某種觀點中，看到某些立場的一線曙光。

## （三）財富分配的正當性

如何分配財富，一直是一個政府需要面臨的問題。政府可以透過改變稅制來重新分配財富，但怎麼樣的稅制才具有正當性呢？許多人直覺地認為，只有在能夠公平分配財富的情況下，財富的分配才具有正當性。但是，怎樣才算是「公平分配」呢？不同的理解可能因此產生南轅北轍的賦稅制度。

## ☼馬克思

對於馬克思來說，公平就是「各盡所能，各取所需」。但由於每個人的天賦不同，會造成工作能力的差異，這也是不公平的。因此，最公平的方法就是人人都可以努力工作，然後獲得自己所需的財富。馬克思認為在資本主義國家中，資本家只需付出資金，就可以從獲益中拿走大部分財富，而底下的勞工付出最多的勞力，卻只能拿走小部分財富，這樣的後果是不公平的，不符合「得所應得」的原則，因此國家應該介入，重新分配這些獲益。

## ☼資本主義支持者

然而，對於資本主義的支持者來說，「公平」應該是政府什麼都不要管（註3），讓人們憑著自己的本事賺錢，有本事的人可以透過少許勞力賺到大筆金錢，沒本事的人只能透過許多勞力賺到少許金錢。雖然後果可能會造成貧富差距愈來愈大、付出的勞力與收穫不成正比，但是讓人們憑藉著各自的努力與才智獲得財富，這樣才是最公平的財富分配方式。如果採取馬克思主義的立場，可能反而造成生產力下降，人們缺



註❸ 當然，政府還是應該禁止人們透過不正當手段獲得財富，這裡的不要管是指不介入市場機制，以及不透過賦稅制度改變財富分配的狀況。

乏努力工作的動機，從而造成經濟蕭條。

### ✲後果的公平與起頭的公平

從上述的論述中，我們可以看出馬克思採取的是「後果的公平」，而資本主義支持者採取的是「起頭的公平」。哪種才是最好的財富分配方式呢？或許兩種極端都不是最好的方式。羅爾斯透過他的《正義論》一書，為這兩種立場提供了一個互相協調的方案。羅爾斯認為，我們應該盡量避免讓財富分配的方式受到人們天賦的影響，卻也不能夠要求人們只能得其所需，因此，他給出兩個原則（註4），認為財富的分配必須符合這兩個原則才符合公平，也才具有正當性。他的想法很簡單，政府要能夠盡量讓人們透過自己的努力來獲得財富，而且，只有在社會底層能夠獲得最多利益的情況下，我們才能夠容許人們的財富分配不平均。

羅爾斯的主張看起來似乎很有幫助，但實際使用起來是否能夠達到他的目標，就必須視當時的社會政治環境，以及人民對於財富分配的看法而定了（註5）。

## 二　心靈哲學

在我們生活的世界中，科學時常被用來解釋許多現象，上至宇宙起源，下至微生物活動，都是科學研究的議題。許多東西一開始讓人覺得神祕，但是透過科學層層抽絲剝繭之後，最終得到了令人滿意的答案，神祕的面紗也因此掀開。但是，對許多人來說，世界上最神祕的東西，莫過於人類的心靈了。

心靈是個怎樣的東西？這個問題一直都是哲學家的大哉問，從來沒有人可以給出令人滿意的答案。早期心靈哲學只能透過心靈現象研究什麼是心靈，到了近代，開始引入心理學研究、腦神經科學研究。這些新的研究資源到目前為止，雖然幫助心靈哲學前進了很長一段路，卻也衍生出更多新的問題。到底心靈與世界的關係是什麼？心靈是否會決定我是誰呢？又或者，我們能否了解他人的心靈？接下來讓我們透過這幾個心靈哲學的主題，看看哲學家在研究人類的心靈時，討論了哪些事情。



註❹ 請見週三〈重要人物與理論〉的「羅爾斯」一節，這裡不再贅述。
註❺ 如果人民普遍不同意某種分配方式，儘管那種分配方式可能比較公平，也容易因此造成社會的不穩定，而失去了此政策的初衷。

## （一）心物問題

心物問題探討的是**心理世界**與**物理世界**的關聯。我們時常會有類似的經驗：口渴了想要喝水時，我會拿起桌上的水壺；晚餐想要吃麥當勞時，我會拿起桌上的鑰匙往麥當勞出發；想要洗澡時，我會開始準備換洗衣物。以上種種是日常生活中常見的例子，它們有一個共同的特性，就是我們的行為都受到我們的想法所影響。換句話說，我們的心理狀態會影響我們的物理狀態（註6）。那麼，心理狀態與物理狀態之間，到底有什麼關係呢？

### ☼心物二元論

有些哲學家認為，這個世界是由兩種東西所構成，一種是**物質性的實體**，比如我們的身體、大腦、窗外的樹、天上的雲等等；另外一種是**非物質性的實體**，比如我們的心靈。這樣的想法在哲學上被稱為「**實體二元論**」（substance dualism），許多人也會把這樣的想法稱為「**心物二元論**」（mind-body dualism）。這些哲學家認為，我們可以從經驗中發現心靈與身體是完全不同的兩樣東西，身體可以占據時間與空間，但心靈不行。我可以說我的手距離地面幾公分，卻無法說我的思考距離地面幾公分；顯然，我們的身體與心靈很不一樣。既然我們的身體與心靈不一樣，而我們又明顯地承認身體與心靈都存在，那麼，我們最好說身體與心靈是兩種不同的實體，兩者共同組成了一個人。

心物二元論的主張說服了許多人，但是問題可能沒有這麼輕易就解決了。想想我們一開始提到的例子，渴了想喝水、餓了想吃東西等，這些例子告訴我們心理會影響身體。但是，如果心靈是一種非物質性實體，必定不占據時間與空間，那麼，這種不占據時間與空間的東西，到底要怎麼影響占據時間與空間的物體呢？另一個問題是：僅因心靈與身體有所差別，就主張兩者是不同的實體，是否有過度推論（註7）之嫌？舉例來說，有些人可能不知道蜘蛛人就是彼得帕克；對這些人來說，蜘蛛人與彼得帕克有很大的差別。但是，這不會使得蜘蛛人與彼得帕克變成兩個不同的東西。同樣地，我們認為心靈與身體有別，有可能只是因為我們的知識不夠豐富，無法清楚窺視兩者的全貌，因此導致我們誤會罷了。



註❻ 我們的生理狀態與行為等通稱為物理狀態，因為我們可以透過物理定律與科學加以說明這些現象。
註❼ 僅透過不充分的證據做出的推論。

## 行為主義

為了解決上述困難，有些人放棄心物二元論，轉而走向「行為主義」（behaviorism）的立場。這些人認為二元論（註8）最大的困難，就是將世界切割成心理世界與物理世界，卻又無法說出兩者之間的關聯。那麼，最簡單的解決方式就是不要區分這兩種世界，僅承認有物理世界的存在。他們接著說明，所謂的心靈現象，其實可以用物理現象解釋，也就是透過我們的行為。我們所有的心靈現象都會產生相對應的行為，比如說，當我感覺到疼痛時，意思其實是我可能會叫出聲音，或者縮起身體，或者皺眉頭等。這種方式也可以合理地說明開頭的例子，當我口渴時，意思就是我會去喝水；當我肚子餓時，我就會去吃東西。對這些行為主義者來說，所有的心靈現象都可以用類似的方式去說明，如此我們就不需再切出一個心理世界來自找麻煩了，心靈就是我們的行為。

這樣的主張真的解決了心物問題嗎？或許這樣的想法可以避免創造一個心理世界，卻衍生出了更多問題。我們的心智常有一個特色，就是擁有「**感質**」（qualia）。什麼是感質呢？想像一下，當我們感受到疼痛、看到一幅畫、聽到一首歌時，我們通常會有「某種特別的感覺」，這種感覺會衝擊我們的感官，是一種栩栩如生的感覺。行為主義者沒辦法說明這種心理特徵，因為這種心理特徵跟行為無關，是一種內在於我們心裡的感受能力。再者，行為主義怎麼可能用行為說明所有的心理現象呢？畢竟我們都知道，不同的人對於同樣的心理特徵，可能會有不同的反應。有些人一遇到疼痛就大哭，也有些人遇到疼痛就大笑；有些人逃避疼痛，有些人卻追求疼痛。

## 物理主義

行為主義看起來也不是很有說服力。那麼，有沒有其他選項呢？有的。在科學愈來愈發達的現在，有一派哲學家認為，我們的大腦可以良好地解釋所有心理現象。這些人認為，我們的心理狀態其實可以被大腦說明，比方說，當我感覺到疼痛，其實是大腦某區塊的神經產生活動，開心、口渴、肚子餓等全都可以用類似的方式去說明，這一類想法被稱為「**物理主義**」（physicalism）。物理主義者認為所有心理狀態都可以用大腦狀態來說明，心靈其實就是大腦的一部分。這項主張對現在許多哲學家來說非常具有說服力，許多腦神經科學研究都顯示，大腦對於人類心靈的影響程度無比巨大，許多精神疾病與心理現象，都可以透過大腦的異常與活動加以說明。

註❽ 心物二元論的簡稱。

## ❁ 功能主義

在心物問題的研究中，還有另一個主張同樣具有許多支持者，就是所謂的「**功能主義**」（functionalism）。這個主張的支持者認為，心靈不是一種行為，也不等同於大腦；心靈其實是一種功能。當我們受傷時會感到疼痛，心靈正是扮演一種「疼痛偵測」的功能；有了這個功能，我們才可以對事件有適當的反應。人工智慧的想法就是從這個主張發展出來，如果心靈只是一種功能，那麼只要技術許可，我們就能做出擁有類似人類心靈功能的機器人。比方說，溝通需要心靈，假設我們可以做出能夠與人類溝通的東西，那麼這個東西就會具有心靈。正是在這種企圖讓人類與機器可以互相溝通的想法下，「電腦」這項產品因此蓬勃發展。

上述討論了許多種主張，這些主張到目前為止都沒有一個決定性的證據，可以使某一方勝出。物理主義與功能主義可以算是現在哲學界的主流，各自擁有廣大支持者，要能夠真正決定勝負，恐怕還需等上好一陣子。

## （二）同一性問題

在日常生活中，我們時常需要去辨識一個人。我們會辨識我們的父母、兄弟姊妹、老師、朋友。我們會認為那個小時候常跟在我身邊的弟弟，與那個長大以後不跟在我身邊、卻會叫我哥哥的人是同一個人。我們也會認為念國中時，站在講台前面中氣十足的老師，與同學會上那個白髮蒼蒼、和藹可親的老師是同一個人。當我在存錢時，我會認為未來能夠使用這些錢的那個人是我。當法官在判案時，法官會認為眼前這名歹徒就是當初犯下強盜罪的那個人。上述種種例子都告訴我們，辨識一個人的身分在日常生活中有多普遍。法官不能夠抓另一個人來判刑，我也不願意存錢給另一個人使用，因此是否為同一個人十分地重要。

從上述這些例子，我們大概可以對同一性問題有個輪廓。更精確一點來說，同一性問題想討論的是：「前一個時間點的A與下一個時間點的B，在滿足哪些條件的情況下，才算是同一個人？」




大師語錄　真理就是在經驗面前站得住腳的東西。——愛因斯坦

## ☼兩種同一性概念

要回答這個問題，我們有一些行前準備得進行。首先，我們要區分「同一個」是什麼意思。在哲學上，「同一性」有兩種情況，第一種是「**性質上的同一性**」。舉例來說，我有兩枝一模一樣的筆，這兩枝筆有一樣的顏色、外表與水量，那麼我會說「兩枝是一樣的筆」，因為它們有一樣的性質。第二種情況是「**數量上的同一性**」。比方說，昨天我跟小明借一枝筆，今天我跟小美借一枝筆，這兩枝筆長得一模一樣，詢問之後我發現，今天跟小美借的這枝筆，就是昨天小明借我的那一枝。這時候我也會說「兩枝是一樣的筆」，因為昨天與今天的筆是同一枝，在數量上是同一個。做好了這種概念上的區分之後，對於我們的問題就更清楚了。當我們在判斷是否為同一人時，我們在乎的是第二種情況，而非第一種。

## ☼心理判準、物理判準與靈魂判準

在同一性的討論中，如何判斷是否為同一個人的判準，主要有三種。第一種可以稱之為「**心理判準**」。心理判準的支持者認為，要判斷一個人經過時間的流逝之後還是不是同一個人，要看兩者之間是否具有心理上的連結。舉例來說，如果兩個人擁有同樣的記憶、個性、嗜好，而且沒有其他人擁有一樣的這些心理特徵，那麼這兩個人就是同一個人。第二種是「**物理判準**」。物理判準主張，要判斷一個人經過時間的流逝之後還是不是同一個人，要看兩者之間是否具有身體上的連結。舉例來說，如果兩個人擁有一樣的身體、大腦，而且沒有其他人擁有一樣的這些身體特徵，那麼這兩個人就是同一個人。第三種是「**靈魂判準**」。顧名思義，靈魂判準主張擁有同樣的靈魂，就代表是同一個人。

在哲學史上，三種主張各自擁有廣大的支持者，也各自面臨必須面對的困難。心理判準認為要有心理特徵的連結才算是同一個人，但對於許多人而言，失去記憶不會因此使一個人喪失同一性。比如說，小明在生日前一天出了車禍，撞到腦部，因此失去過去的記憶，我們通常不會認為小明在失憶後就換了一個人，不再是原來那一個。這就好像我們不會認為酒醉駕車的人在出車禍之後失去記憶，便可以因此不用面對法律制裁，可見心理判準尚有需要解決的地方。

物理判準認為要有身體上的連結才算是同一個人，但顯然我們所有人都和小時候不一樣，不論身體或大腦都有很大的差別。更有甚者，一旦技術足夠發達，我們身



大師語錄　人不能踏入同一條河流兩次，因為這條河經過時間的流逝後，已經不是先前那條河流。——赫拉克利特

上的許多器官都可置換成人造器官，此更會減損我們與先前自我的身體連結。同樣地，我們也不會因此認為經過這些事件之後，我就不再是我。我們不會因為老王換了身體大多數的器官，就認為老王已經不是原來那個人了。

那麼靈魂判準呢？靈魂判準最大的困難，在於要能夠先說明靈魂是什麼，接著要能夠證明靈魂的存在，以及靈魂如何存在。然而這些問題都是目前科學難以解釋與說明的地方，甚至幾乎沒有人可以清楚說出靈魂到底是什麼。

## （三）他心問題

他心問題是一個在理解上相對單純的問題，這個問題要問的是：「我們如何知道其他個體具有心靈？」關於他心問題的例子，我們可以從莊子有名的「濠梁之辯」故事中加以理解。這個故事是說，莊子與惠施在水邊看著水裡的魚游泳，莊子對惠施說：「魚很快樂地在游泳。」惠施反問莊子：「你又不是魚，怎麼知道魚很快樂？」莊子於是也反問：「你又不是我，怎麼知道我不知道魚很快樂？」在經驗上，我們看起來似乎沒有辦法知道別人的心靈，畢竟現實生活不像科幻電影，人們沒有讀取他人心思的能力。

有些哲學家認為，雖然我們沒辦法讀取他人的心思，但我們可以透過其他方式知道他人擁有什麼心思。如果這樣的方式可行，我們就可以知道他人擁有心靈了。舉例來說，我們在介紹心物問題時，曾提及物理主義者認為心理狀態其實就是大腦狀態，我們的心靈現象與大腦狀態有某種對應關係。因此，如果我們可以透過某些儀器偵測到某個個體的大腦狀態，就可以判斷這個個體的心思，也可以因此推論出這個個體具有心靈了。行為主義與功能主義也可以透過類似方式解決他心問題，比方我們可以透過他人的行為或與他人溝通，來理解對方的心思。某個人臉上如果笑逐顏開，就表示此人很開心；既然擁有開心的情緒，當然就擁有心靈。

這些說法都可以為他心問題提供一個可能的解釋，但也都有一個共通的特性，就是我們都是從自己出發，透過上述方式推測對方擁有心靈。可是推測並非證明，不具備有效性。這種推測方式就好像是在說，假設我的肚臍是凸的，而我身在一個所有人永遠穿著衣服的社會裡，我推測所有人的肚臍都是凸的。因此，當我們沒有辦法透過經驗確認他人的心思時，我們就不能說我們的推測是一種「證明」他人擁有心思的方法。所以，對許多人來說，他心問題是一個經驗上永遠無法被確認的問題。



大師語錄　這世界最大的麻煩，在於傻瓜與狂熱分子對自我總是如此確定，而智者內心卻總是充滿疑惑。——羅素

## 三　宗教哲學

事實上，宗教哲學對於許多人來說，無疑是最有趣的哲學領域之一，從古至今一直有許多著名的哲學家投入其中。對宗教哲學有興趣的哲學家，未必就是有神論者（註9）。當然，有神論者會因為自己的立場，而對宗教哲學有濃厚的興趣；他們會捍衛自己的信仰，為自己的信仰尋求具有說服力的基礎。但是，對於許多無神論者而言，儘管他們不信神，挑戰這些有神論者的論證，反而是更有意思的事情。如果有神論者試圖透過理性建立起信仰的基礎，那麼對許多無神論者來說，其目標就是透過理性拆除這些信仰的基礎。

宗教哲學討論的議題往往圍繞在神的議題上打轉。神的形象有很多種，東方與西方也對「神」有諸多不同的描述。宗教哲學與神學有許多相似的地方，如果真要做出區分，大概就是神學預設其所辯護的立場是真的，宗教哲學則是站在理解與檢視的角度看待這些論述。宗教哲學並不預設立場，在討論的起點通常會抱持開放的態度。宗教哲學想要探討的是：如果這些對神的描述是真實的，會發生什麼事情？又或者：

這些對神的描述是否可能是正確的？本身是否有不合理的地方？接下來，我將以西方的宗教（註10）為討論主軸，探索宗教哲學中的幾個議題。

## （一）神存在嗎？

在宗教哲學的研究中，最經典也最令人好奇的問題，大概就是關於神是否存在的問題。神的存在與否總是困擾著許多人，要說神不存在，世界上好像時常可以看到所謂的「神蹟」及「對神的真實體驗」這類現象；要說神存在，又好像總是缺乏決定性的證據，許多神蹟與超感應在某種程度上，都可以透過科學加以說明。那麼，這個問題想必是古往今來最熱門的問題之一了。

### ☼何謂「神」

通常要討論一個東西是否存在，最先要做的事就是先清楚了解所要討論的東西是什麼。因此，要討論神是否存在，我們要先對「神」有一個清楚明白的定義。通常，要為一個東西下定義是十分不容易的事，還好我們所要討論的「神」，在基督教的傳統脈絡下，已經有了一個普遍且廣泛被認可的定義，也就是擁有三項最高的性



註❾ 主張「神」（超越人類的物體）是真實存在的。

註❿ 這裡將會以基督教為主。基督教是對西方影響最廣泛也最深刻的宗教，宗教哲學的討論也大多以基督教作為討論的脈絡。

質：全知、全能、全善。

「全知」指的是神知道所有的事情，沒有人、事、物可以逃出神的掌控之中。而且，神不但對過去的事具有完整的掌控，未來將發生的事也全在神的掌控之中。「全能」意味著神無所不能，可以心想事成，達成所有祂想要做的事情。神可以在一瞬間摧毀整個宇宙，也可以在下一個瞬間讓宇宙恢復成原來的樣子。最後，神是「全善」的，處於善的最頂端，擁有最廣泛的慈愛。神了解善的最高境界是什麼，可以做出最具有善行的行為，甚至，神本身就是善的代表。

### ✲證明神不存在

接著，回到我們一開始的問題：神是否存在？針對這個問題，可以從兩種方向來思考，一種是**證明神不存在**，另外一種是**證明神存在**。讓我們先從證明神不存在的方向著手。有些哲學家將論證的目標放在神的「全能」這項性質上，認為不可能有任何物體可以具有這個特質。他們的論證很簡單，只需要問一個問題：「神是否能創造出一顆自己搬不起來的石頭？」如果神可以創造出這樣一顆石頭，由於神沒辦法將這顆石頭搬起來，因此神不是全能的；反之，如果神無法創造出這顆石頭，那麼神也不是全能的。換句話說，如果神是全能的，由於全能是一種不可能存在的性質，所以神不可能存在。

這樣的說法是否真的證明了神不存在呢？似乎沒有這麼容易。一個常見的回應是：這些人對神的要求太荒謬了，神的全能不是指這種完全無視邏輯的全能。許多有神論者同意神無法做到邏輯上不可能的事，然而邏輯上不可能的事不可能存在，這種事根本沒有任何意義，因此神無法做到這些事情，不代表神的能力受到限制。另外一種回應是：神確實可以做到這些事情，而且依然是全能的，因為神可以超越邏輯，但是由於我們無法超越邏輯，所以我們無法理解神如何處理這個問題，也才會以為神辦不到。

另外一個證明神不存在的論證，將目標放在神的「全善」這項性質上面。反對者認為世界上充滿著惡，不論天災或是人禍。災難與罪惡總是充斥在世界各個角落，如果神是全善的，怎麼還會讓這些惡的事情發生呢？由此可知，如果神是全善的，那麼神必定不存在。

面對這樣的挑戰，中世紀的教父奧古斯丁曾經給予一個回應（註11）。奧古斯丁認為惡不存在，那些我們以為是惡的現象，其實只是善的缺乏。因此，神並沒有允許惡



註⓫ 週三〈重要人物與理論〉的「奧古斯丁」一節裡有更多的說明。

的發生。另外一個常見的回應是神沒有阻止惡的發生，是為了讓人民學習善的重要，因此，神還是充滿善心的。

## ※證明神存在

接著讓我們看看證明神存在的論證。歷史上證明神存在的論證，最有名的大概就是安瑟姆的本體論論證。這個論證從「神是完美的」這個前提出發，接著說明「存在比不存在還要完美」，最後證明「神存在」（註12）。

本體論論證有道理嗎？首先，如果完美的東西必定存在，我們似乎可以說「完美的惡魔存在」、「完美的獨角獸存在」等等，只要我們在這些東西前面掛上「完美」兩字，就可以證明所有東西都存在！這看起來是個荒謬的結果。接著，如果完美的東西必定存在，「神是完美的」這個前提就已經預設了「神存在」，這樣的推論方式在邏輯上稱為「**丐題**」（註13）（begging the question），是一種邏輯謬誤。

另外一個有名的論證是「**巴斯卡的賭注**」（Pascal's Wager），由巴斯卡（Blaise Pascal, 1623-1662）所提出。他從另外一種角度切入，認為我們不可能有證據證明神存在，但我們還是應該相信神存在，他的理由是這樣的：如果神不存在，而且我們相信神存在，這對我們來說沒有差別；反之，如果神存在，而我們相信神存在，那麼神就會特別關照那些相信祂的人。因此，不管神存在或不存在，相信神存在都是比較好的。這種說法十分聰明，也說服了許多人。但是，我們真的應該因此相信神存在嗎？首先，巴斯卡在他的論證中預設了「神會特別關照相信祂的人」，我們也可以設想，神可能會討厭那些出於上述動機而相信祂的人啊！再者，巴斯卡根本沒有說我們應該相信哪一個神，不同宗教有不同的神，我們應該選哪一個呢？這個問題很重要，因為選錯了可能會直接下地獄呢！

我無法在這裡給出所有的討論，只能就幾個經典與著名的論證，給出一些簡短的介紹與評論。至於上述的論述有無道理，就留給您好好去思考與判斷了！

### （二）神與自由意志

大多數人大概都認為我們天生就具有自由意志（free will）。我們會認為當我們生存在世界上，遇到許多需要選擇的情況時，我們確實可以仰賴我們的意志，選擇想要的那個選項。比方說，搭飛機時，空姐詢問我想要喝咖啡還是果汁，我可以自由地選擇想要的飲料。當我去速食餐廳消費時，我可以選擇要吃漢堡還是雞塊當作午餐。

註⓬ 這裡給出的是簡化後的版本，另見週二〈起源與發展脈絡〉的「經院哲學」一節。

註⓭ 丐題的意思是指，我們想要推論出的結論已經藏在前提中了，是一種推論謬誤。比方說，我想要證明「猴子是哺乳類動物」，卻把「猴子是哺乳類動物」直接放在前提，然後得出這個結論，這樣是不好的推論。

當我去電影院時，我可以選擇想要看的電影。日常生活中充滿了需要做選擇的時候，而我們通常都能夠自由地選擇想要的東西。自由意志就是這麼一種看起來理所當然的東西，以致我們很難想像沒有這個東西。

自由意志的重要性還不僅只於此。擁有自由意志的後果，就是我們必須為選擇負責，因為這些選項是「我們」選的，乃是出於我們的意志。因此，一旦我選擇看某部電影，我就不能看完之後因為電影不好看而反悔，要求售票員把錢退還給我。一旦我選擇為了錢而去為非作歹，我就應該為自己的行為負責，面對法律的制裁。

### ☼神的存在剝奪人的自由意志？

但是，神的存在似乎會剝奪人們的自由意志？讓我們回想一下神的特質，神是全知的！全知的意思是神無所不知，不論過去或未來，都在神的掌控之中。這似乎代表神將會知道所有我的選擇，當我去速食餐廳時，神可以知道我將會選擇哪一項食物；當我去電影院時，神也知道我會看哪一部電影。如果神知道我的選擇，不就代表我的選項在我選擇之前已經被決定好了嗎？如果我的選擇事先已被決定好，我怎麼可能自由地選擇我想要的選項呢？如果我無法自由選擇我想要的選項，不就代表我根本沒有自由意志！我們知道，沒有自由意志的後果是難以想像的，我們可能再也不需要為我們的選擇負責任，因為那些不是出於我的意願，而是早已被決定好的選項。

事情看起來似乎變得非常麻煩，神的存在真的會剝奪我們的自由意志嗎？其實這些人搞錯了，神的存在並不會真的剝奪我們的自由意志。神的存在與自由意志的存在，兩者並不衝突。我們可以設想下列這個例子：神能夠知道過去與未來的事情，就好像神有一台可以隨時回到過去與未來的時光機，這個時光機可以將神帶到某個特定的時間點，然後讓神知道那個時間點發生了什麼事。我們會因為時光機的存在，就因此認為自由意志不存在嗎？顯然不會！時光機可以讓我們知道，在經過自由意志的選擇後，我們會選什麼選項，但是不會因此讓我們失去自由意志。同樣地，時光機也不會讓我們的選項是被決定好的。因此，神還是可以保有全知的性質，我們也依然可以擁有自由意志。

## （三）神與道德

許多哲學家在討論神時，經常會把神與道德一併拿出來討論。他們的問題很簡單：究竟神與道德規則的關係是什麼？對許多人來說，道德規則既然是一種規則，表



大師語錄　自由人最少想到死，他的智慧不是關於死的默念，而是對於生的沉思。——斯賓諾莎

示這東西是被制定出來的，就好像所有規矩都是被制定出來的一樣。那麼，是誰制定它們的呢？一個常見的說法是：神制定了道德規則。

## ☼神制定了道德規則？

為什麼要把道德規則的制定歸屬予神呢？其實原因也很簡單。對許多人來說，道德規則具有客觀性；如果道德規則具有客觀性，就表示道德規則對所有人都適用，所有人都該受到相同的規則束縛。也正因為道德規則具有客觀性，我們才有理由去譴責那些違背道德規則的人。如果道德規則不是客觀的，而是基於某些主觀的考量所制定出來，我們好像就沒有立場基於這些主觀的考量，去譴責與處罰那些違背我們主觀考量的人，畢竟那些人可能也有他們自己的考量，我們沒有立場硬是要求他人接受我們的想法。

接著，既然道德規則是客觀的，那麼，道德規則必定是神制定的，因為每個人在考量時都是出於自己的主觀判斷。換言之，沒有一個人能夠考量到所有情況，並且制定出所有人都該遵守的客觀標準。

假設我們同意道德規則是神制定的，回到一開始的問題，神與道德規則的關係是什麼？可能會有人覺得這個問題很奇怪，既然已經同意道德規則是神制定的，我們何必要問神與道德規則的關係是什麼，關係不就是「神制定了道德規則」嗎？

要回答這個問題，我們可以從神的另外一個性質「全善」來說明。我們知道神可以達到最高的善，也因此，神必定知道什麼是最高的善。如果道德規則是神制定的，就表示這些道德規則是善的。柏拉圖曾在其《對話錄》的〈尤西佛羅篇〉（*Euthypryo*）中問過一個問題：這些道德規則是因為神知道它們是善的，所以選出來制定為規則？還是因為這些是神選出來制定的規則，所以它們是善的？這兩者的差別在於第一個情況下，這些道德規則本身就已具備「善」的性質，跟神是否選擇這些規則沒有關係；第二種情況下，這些道德規則本身沒有善惡之分，等到神把它們挑出來當作規則後，這些規則才具有了「善」的性質。

## ☼道德規則本身就具備善的性質？

這兩種可能性，哪種才是正確的呢？讓我們先考量第一種情況，也就是這些規則本身具備有「善」的性質。如果這些規則本身就具備善的性質，就表示這些規則不需仰賴神的存在便可以獨立存在。如果這些規則本身可以獨立存在，我們要如何說這





大師語錄 人能夠想做什麼就做什麼，但無法想要什麼就得到什麼。
——叔本華

些規則是由神所「制定」的呢？我們似乎只能說這些規則本身就已經制定好了，神最多只能夠「提醒」我們有這些規則，不能夠「制定」它們。這樣的結果對許多人來說是將神的地位往下拉了一大截，這不是他們所樂見的，所以，他們可能會想選擇第二種情況。

第二種情況是說，這些規則本身沒有善與惡的性質，等到神將這些東西特別挑出來變成道德規則之後，它們就具備了善的性質。換句話說，是神賦予了這些道德規則善的性質。如此一來，我們就可以光明正大地說，道德規則確實是神所制定，這些規則仰賴神的存在。沒有神，就沒有這些規則。

可是，現實可能沒有想像中那麼美好，這種情況也是會遇到難題。如果神挑選出來的規則會自動變成善的，是否表示當神挑選的規則是「可以任意殺害無辜」時，這條規則也會變成善的呢？有人可能會反駁說，神不會挑這項規則。但是，神為什麼不會挑選這項規則？是因為神知道這項規則是惡的嗎？如果神知道這項規則是惡的，不就表示規則本身已有善惡之分，與神挑選與否沒關係嗎？此外，就算神不會挑選這項規則，我們依然可以問，假設神挑選「可以任意殺害無辜」這項規則，這項規則就變成善的規則了嗎？如果答案是否定的，就表示一項規則是不是善的，跟神是否挑選它沒有關係；如果答案是肯定的，這樣的後果令人十分難以接受，畢竟大概很少人會同意「如果神說可以殺害無辜，殺害無辜就變成善的」。

### ☼另一種觀點

看起來似乎不管哪一邊，對於主張有神的人來說都會面臨難題。這是否代表著這些人得要放棄他們的信仰呢？其實未必。他們或許可以兩種情況都不選，先否認道德規則本身就是善的，也不同意是因為神選擇這些規則，才使它們變成善的。他們可以採取另外一種觀點，認為神知道哪些規則在這世界上被實行之後，可以讓人民生活得更好，因此將這些規則挑選出來作為道德規則。如此一來，規則本身沒有善惡之分，因為不同的世界可能適合不同的規則；這些規則也不會因為被神挑選後就變成善的，因為它們有可能在別的世界造成不好的後果。

這樣的想法是否有道理呢？有沒有可能因此衍生出另外的問題？這些問題就交由大家自行判斷吧！





大師語錄 良心是由人的知識及生活方式所決定。——馬克思

# 四 語言哲學

語言在人類世界中扮演著非常重要的角色，幾乎所有人打從一出生開始，便在語言環繞的世界中成長。人類與其他動物最大的不同，大概就在於人類可以很精確地使用語言表達一些事情，而動物缺乏這樣的能力。我們無時無刻都在使用語言，不論是嘴巴發出一連串聲音，或是用手寫出一大堆符號。但是，聲音與符號未必就是語言，我可以隨意鬼畫符，也可以隨意發出一些咕噥聲響，我相信沒有人可以知道這些聲響與符號是什麼意思。那麼，這些東西在什麼情況下會變成一種語言呢？我們用語言表達情緒，也用語言提供資訊。這樣看來，語言似乎跟世界有個密切的關係，因此，哲學家當然也會好奇，到底語言跟世界的關係是什麼？為什麼我們可以透過語言表達這麼多的事情？

語言哲學研究語言；更精確來說，是研究語言的**意義**。在這個部分，我們將會把主題放在「**符號**」所代表的意義上。符號究竟怎麼傳達訊息？語言這個日常生活中時常被使用的東西，又會有怎樣的問題呢？

## （一）語言現象

日常生活中，語言的使用時常帶來許多有趣的現象，而哲學家喜歡從這些有趣現象中，尋找一些我們使用語言的方式與規律，進而了解語言與世界的關係。接下來讓我們看看在使用語言時，會遇到哪些有趣的現象。

### ☼提及與使用的差別

第一種我想要談論的現象是關於語言的使用，這是什麼意思呢？舉例來說，某天小明在學校上國文課，老師看到小明在打瞌睡，於是把小明叫起來，請他用「家庭」造一個句子。小明很驚恐地站了起來，聽完題目後放下心，大聲回答老師說：「老師要我用家庭造一個句子。」老師聽了之後啼笑皆非，跟小明說你不能這樣造句，這樣不會得到分數。

問題來了，為什麼小明的答案不能夠得到分數呢？小明的造句裡確實有「家庭」這個名詞啊！這不是符合老師的問題嗎？

可能有不少人曾經想過這個問題，也大概可以為這個問題提供一些答案。哲學





大師語錄 哲學就是用語言與受蠱惑的智慧對抗的一場戰鬥。——維根斯坦

家怎麼看這個問題呢？哲學家認為，小明的回答混淆了一些東西。當我們在使用語言時，其實有兩種方式，第一種是一般常見的方式，也就是**使用（use）語言**，第二種叫作**提及（mention）語言**。兩種方式的差別在於當我們在使用語言時，我們希望對方注意的是語言的「**意義**」；當我們在提及語言時，我們希望對方注意的是語言「**本身**」。以上面的例子來說，老師希望小明透過「家庭」的意義來造句，但是小明卻以「家庭」這個詞本身來造句。如此一來，我們可以說小明的回答沒有符合老師的題意，老師當然可以不給小明分數。

那麼，我們怎麼區分這兩種情況呢？畢竟我們使用語言時，好像不會特地去強調我是用哪種方式啊！不用擔心，這個問題其實早在標點符號被使用時，就已經解決了。一般來說，當我們在提及一個語詞時，我們會在這個語詞上面加上引號（「」）。引號可以用來加強語氣，也可以用來告訴我們，現在我們使用引號內的語詞時，我們的意思是提及這個詞。

這讓我想到以前聽過的一個笑話，有位老師在上課時常說粗口，課堂上有個學生把這件事告訴家長，隔天家長到學校找老師理論。家長跟老師說：「我的小孩說你上課時常說髒話。」老師聽了以後反問：「那你的小孩有沒有跟你說，我說髒話時都有加引號？」老師為什麼可以這樣反駁呢？從上段敘述我們知道，如果我們把一個語詞加上引號，我們就不是在「使用」這個詞，而是「提及」這個詞。因此，如果老師在他說的話上面加引號，他就不是在罵髒話，而是在提及髒話！

## 語言的歧義性與模糊性

第二種我想談論的現象是語言本身的特性。在與別人對話的過程中，為了能夠順利與對方溝通，我們勢必要對彼此所使用的語詞有相同或至少類似的解讀。假設我們雙方使用相同的語詞，卻同時表達了不同的東西，這樣的溝通就會完全失去意義，無法成功達到對話的功能。哲學家了解到這一點的重要性，因此對於語詞的意義特別敏感。當兩邊在對話與討論時，哲學家最常做的一件事，就是要先釐清雙方的意思，如此一來，討論才有可能繼續進行下去。

但是，語詞有時並不像我們所想像的那樣清楚，許多時候我們會發現語詞具有**歧義性**與**模糊性**。舉例來說，現在的年輕人時常使用「鄉民」這個詞，這個詞可以被用來稱呼那些居住在鄉里的人，也可以用來稱呼那些時常流連在網路電子看板（ＢＢＳ）的人。如此一來，「鄉民」這個詞就具有歧義性，如果在對話的過程中使用到



大師語錄　聰明人說話，是因為有話要說；蠢人說話，則是因為要說些話。——柏拉圖

這個詞，我們必須先釐清這個詞的意思是什麼，以免兩邊各說各話，牛頭不對馬嘴。

另外，語言還有模糊性，比方說，最新款的手機開賣時，我問你：「有多少人去排隊啊？」你回答：「有很多人去喔！」這時「很多」是什麼意思？一個人顯然不是很多，那麼兩個人呢？三個人呢？一直往上增加，到了多少人才能說是「很多」人？又比如說，今天我們出外散步時，你告訴我地上有一群螞蟻。「一群」螞蟻是多少呢？一隻肯定不算一群，那麼一直往上加，要到多少隻才算是「一群」螞蟻？

這類語言現象還有非常多例子，最有名的大概就是禿頭的例子了。我們常會認同，一個年輕人頭上如果沒有頭髮，我們也知道他不是剃了光頭的話，我們會說這個人禿頭。同樣地，如果他的頭上只有一根頭髮，我們也會說他是禿頭；兩根的情況應該也是這樣。但是，如果一直往上加，我們不可能也一直說這個年輕人是禿頭。如果他有一百萬根頭髮，那顯然不會是禿頭啊！然而，到了第幾根才會使這個年輕人從禿頭變成不是禿頭呢？我們究竟有沒有可能給這些模糊的詞一個精確的定義呢？如果沒辦法，對我們的日常生活會有怎樣的影響？讀者們不妨可以想想看。

## （二）意義是什麼？

「意義」大概是整個語言哲學裡最重要的一個主題。日常生活中所有的溝通與談話要能成功，「意義」大概是一個不可或缺的東西。當我跟你說：「晚上六點記得去倒垃圾。」你聽到以後，應了一聲「好」，然後準時在六點去倒垃圾。又或者上國文課時，老師說：「《論語》不是孔子寫的。」我們聽完以後，好像會有得到一些東西的感覺。為什麼我們嘴裡發出的一連串聲響，可以達到這樣的效果？你大概會說：「因為這些聲響有意義啊。」那麼，到底什麼是意義？意義是從哪裡來的？

德國哲學家弗雷格大概是最早對這些問題給出系統性答案的人，在討論他的哲學主張之前，讓我們先來思考下面這個問題：「歐巴馬是歐巴馬」和「歐巴馬是美國第四十四任總統」，這兩句話有什麼差別？這個問題應該不難回答，你可能會說第一句根本是廢話；第二句不是廢話，它說了一些東西，給了我們某些資訊。沒錯。首先，我們大概都會同意，一個句子通常會有真假值（註14）；換句話說，一句話要嘛會是真的，要嘛會是假的。上面這兩句話，第一句一看就知道是真的，連想都不用想。但是第二句話呢？我們可能要想一下，或者我們需要去查證一下。查證什麼？當然是

註⓮ 一般而言，我們稱有真假值的語句為「命題」。

查證歐巴馬是不是美國第四十四任總統囉！怎麼查證呢？我們可能需要透過實際考察，確認在這世界上，歐巴馬是否如這句話所描述的那樣。問題是為什麼會有這樣的差別？是什麼因素導致這兩句話會有這樣的差別？

## ☼指涉與意涵

弗雷格試圖為這個問題給出一個答案，首先，我們都知道在語言的使用上，「歐巴馬」這三個字叫作「專有名詞」，且讓我們簡稱「專名」。顧名思義，「專名」就是某個東西的名字；我的名字是一個專名，你的也是。接著，所有的專名對弗雷格來說都具有兩個面向，第一個面向是專名的**指涉**（reference），另一個面向是專名的**意涵**（sense）。「指涉」是這個專名所對應到的那個人，而「意涵」則是對這個專名的獨特描述。以上述的例子來說，那個對應到「歐巴馬」這個專名的人，可以適用於「美國第四十四任總統」這個描述，而這個特定的描述，就是「歐巴馬」這個專名的意義。

如此一來，我們大概可以回答上面幾個問題了。首先，什麼是意義？意義就是對一個東西（註15）的特定描述，「歐巴馬」的意義就是「美國第四十四任總統」。當然，一個專名的意義可以有很多個，比如「歐巴馬」的意義還可以是「美國史上第一位黑人總統」、「蜜雪兒的老公」等等。

接著，意義從哪裡來？回想一下剛才在思考上面兩個句子的差別時，我們想知道第二個句子是真的還是假的，必須透過實際情況去查證；因此，意義就是從這個世界而來。「歐巴馬」之所以會有上述這些意義，都是因為這些意義符合現實世界中的狀況；現實世界就是意義的來源。

最後，為什麼上述兩句話會有差別呢？因為我們想了解第一句話在說什麼時，似乎不需要涉及任何專名的意義，只要知道「是」的意思，就足以了解第一句話了。但是，要了解第二句話，就涉及了專名的意義，我們必須能夠了解「美國第四十四任總統」這句話是什麼意思，才能夠了解第二句話。

### 外延（extension）與內涵（intension）

外延與內涵的差別，在語言哲學中是個重大的區分。光看字面似乎很難了解這兩個東西在說什麼，但事實上，我們已經在前一節裡稍微提過類似的東西。還記得弗雷格曾經區分「指涉」與「意涵」嗎？外延與內涵也是類似的東西。指涉與意涵是弗

註⑮ 並非只有專名才有意義，上面只是透過專名當例子。

雷格針對專名的兩個面向所做的區分；外延與內涵則不限定在專名，其他的語詞，比如形容詞、描述詞等都可以適用。「**外延**」通常是**具體**的東西，指的是那些可以適用於某個語詞的「**對象**」。舉例來說，「老虎」這個詞的外延就是所有老虎的集合，我們把所有的老虎抓出來（從古至今都算），這些老虎就代表著「老虎」這個詞的外延。「**內涵**」則是比較**抽象**的東西，指的是那個語詞可以被怎麼理解，或者說，這個語詞的**意義**。如果我們同樣以老虎當作例子，「老虎」的內涵可能是「世界上最大的貓科動物」；一旦我們提到「世界上最大的貓科動物」時，我們的意思就是指「老虎」（註16）。

外延與內涵並不是一一對應的關係，舉例來說，「老虎」這個詞的內涵可以是「世界上最大的貓科動物」，也可以是「百獸之王」，因此不同的內涵可以同時指向同一個外延。那麼，不同的外延是否可以指向同一個內涵呢？許多哲學家認為不行。一個語詞的「內涵」通常是一個獨特的描述，只會指到特定的對象。舉例來說，「貓科動物」不會是老虎的「內涵」，因為「貓科動物」還可以指到其他動物，比方說貓、獅子、豹等等。由於「內涵」是一個獨特的描述，所以「內涵」會決定特定的對象；換句話說，就是決定語詞的「外延」。

做出這樣的區分，對於哲學有什麼幫助呢？當哲學家做出這樣的區分後，在許多領域上可以有更多的發展，比方說數學與邏輯領域。在這些領域中，許多名詞的定義，通常是透過語詞的「外延」來定義，例如「偶數」這個語詞的意義，就是所有偶數的集合，這種方式在建立邏輯語言的意義上很有幫助。又比如說，透過這樣的區分，語言哲學家在研究語言問題時，可以更清楚地了解到他們現在面臨的問題，應該是要針對「對象」去解決，還是要針對「意義」去說明。

## 五 科學哲學

在我們生活的這個世界，如果真的要說哪一類人對世界具有最大的影響力，這一類人大概非科學家莫屬了。我們透過科學認識世界，科學家告訴我們土地、水和空氣的組成。除了這些世界的基本成分外，科學家還告訴我們世界基本現象的原貌，例如月蝕不是天狗把月亮給吃了、河水氾濫也不是河神生氣了、火山爆發更不是祝融造成的。科學被用來解釋世界，但是更多時候，科學可以用來改變世界。蒸汽機的發明



註⓰ 目前世界上最大的貓科動物還有爭議，有人認為是獅子，也有人認為是老虎（西伯利亞虎），文章在此提及僅是舉例。

引發了整個科學革命；萊特兄弟發明飛機，讓地球一下子變小了；電腦的發明讓資訊的流通更即時；核子技術的發明可能讓這個世界變得更安全，也可能變得更危險。

科學與我們的關係密不可分，任何科學研究上的成果，都可能給人類世界帶來巨大的改變。為什麼科學具有這樣的力量呢？科學與其他學科的差別又在哪裡？科學是否真的總是這麼可靠？且讓我們來看看哲學家怎麼透過這些主題來研究科學。

## （一）非科學與偽科學

在討論科學哲學之前，我們勢必得先弄懂「科學」是什麼。要直接說明「科學」是什麼是一件非常不容易的事，或許我們可以試著從另外一個角度切入，先來談談科學不是什麼。

### ＊什麼東西不是科學

我們時常會說某些東西「不科學」，當我們這麼說時，是什麼意思呢？通常我們可能有兩種意思，第一是說這東西跟科學沒有關聯，第二是說這東西本身打著科學的名義，可能還用了許多科學的術語，但本身卻不是科學。

第一種情況很容易想像，日常生活中許多事情與現象都與科學無關，比如藝術、文學、歷史等學科。這一類學問通常與科學沒有太大關聯，也不會自稱為科學。要成為好的藝術家、文學家或歷史學家（可能某些歷史學家與科學有密切關聯，例如考古學家），需要的可能是細膩的心思與豐沛的情感；科學知識或許會有幫助，但它們不扮演關鍵角色。雖然我們說這一類學問不科學，但這並不是要去貶低這些學問，畢竟我們時常聽到人們說科學總是冷冰冰的，不帶感情，不如文學與藝術這類學問，可以讓人有更多的啟發與感觸。我們說這些東西不科學，只是在說這些東西的研究在方法上不是使用科學方法，在目的上也不是以解謎（有些哲學家認為科學行為就是一種解謎的行為）為目的。

第二種情況就比較複雜了。許多理論看來似乎都有科學基礎，常見的有占星術、網路上的心理測驗，以及神學理論（許多神學理論企圖透過科學語言說服他人其真實性，比如神創論）等等。這些東西被支持者透過許多科學語詞加以包裝，但其本身真的是科學嗎？我們又該怎麼區分一個理論是不是科學理論呢？非科學與偽科學的差別在於前者不會自稱是科學，後者則會自認為是科學。一個理論到底算是真正的科學理論，還是假冒的偽科學理論？這個問題在哲學上被稱為科學的「**劃界問題**」。我們怎





大師語錄　沒有宗教的科學是瘸子，沒有科學的宗教是瞎子。——愛因斯坦

麼給出一條適當的界線，這條界線又要如何幫助我們分辨科學理論與偽科學理論？

## 科學理論的特徵

我們大概都會同意，一條科學理論最重要的特徵，就是要能夠具有「**普遍性**」。舉例來說，當一個理論主張水的成分是兩個氫原子加一個氧原子時，不管是在喜馬拉雅山上的水，或是在馬里亞納海溝下的水，都是一樣的組成，不會有任何不同。換句話說，在任何地方的水，其組成成分都是兩個氫原子加一個氧原子。「普遍性」構成了科學理論的基本特徵，我們可以想見科學理論的劃界，很大程度需仰賴這個特徵。

## 邏輯實證論與否證論

科學哲學史上最早對科學理論做出系統性畫分的，就是二十世紀初蔚為主流的**邏輯實證論**。邏輯實證論者認為科學理論既然具有普遍性，就必須能夠經得起檢驗。因此，他們提出「**可檢證原則**」，認為只有能夠透過經驗加以檢驗的理論，才算是科學理論。有了這個原則之後，我們就可以對許多理論做出畫分。比方說，「上帝花了七天（或者說六天，第七天休息）創造世界」、「上帝以自己的形象創造人」等，這些主張都會被排除在科學理論之外，因為我們根本沒辦法驗證這些主張是否正確。

但是，這種畫分真科學與偽科學的方法夠好嗎？哲學家波普認為不夠好。讓我們想想一開始提到的例子：占星術、心理測驗、神學理論。神學理論或許可以透過邏輯實證論的方法排除掉，但是占星術跟心理測驗好像就不一定了。顯然，占星術與心理測驗確實可以透過經驗去驗證他們的真假，如此一來，我們是不是就得承認這些東西算是科學呢？波普於是主張，科學真正的劃界在於理論是否能夠被**否證**（註17），一個能夠被否證的理論才是真正的科學理論。占星術與心理測驗這一類，可以透過一堆**特置假設**（ad hoc）（註18）以及模稜兩可的說法，來避免驗證失敗的情況，不算是科學理論。

在波普之後，對於科學劃界問題感興趣並投入其中的哲學家還有很多，比方孔恩、拉卡托斯、勞丹（Larry Laudan, 1941-）等等，我不在這裡一一談論他們的哲學主張，對這個主題有興趣的讀者，可以自行尋找他們的文章。

## （二）科學說明

大多數人對於科學方法，大概都有一些基本的觀念，就是**假設與實驗**。那麼，



註⑰ 週三〈重要人物與理論〉的「波普」一節有更多說明。

註⑱ 透過額外的假設讓自己避開理論錯誤的後果。比方說，假設小明算占星術，占卜師跟他說明天會有血光之災。過了兩天，小明回來跟占卜師說：「你錯了，我明明沒有事！」占卜師說：「那是因為月亮正好走到地球背部，擋住了這場災難。」占卜師這種說法就是一種特置假設。

在我們透過科學方法得到科學定律之後，要怎麼應用這些定律，針對日常生活的現象給出科學說明呢？給出科學定律與給出科學說明是截然不同的兩件事，彼此之間的關聯可說正好完全相反。如果用比較直覺的方式來解釋，前者是從經驗出發，結束於普遍性的法則（我們從許許多多的經驗出發，歸納出普遍的經驗法則）；後者則是從普遍性的法則出發，結束於經驗現象（我們從法則出發，對於經驗給出科學說明）。

### ※韓培爾的涵蓋律模式

在當代科學哲學界，針對「科學說明」給出一個系統性解釋，最著名的哲學家就屬德國哲學家**韓培爾**（Carl Gustav Hempel, 1905-1997）（註19）。韓培爾針對「科學說明」的現象給出一個模型，這個模型被稱為「**涵蓋律模式**」（**covering-law model**）。他認為這個模式是所有科學說明的基礎，如果一個說明不屬於這種模式，這個說明就不算是科學說明。韓培爾將一個科學說明分成兩個部分，第一個是**解釋項**，第二個是**被解釋項**。解釋項又再分為兩個區塊，第一個區塊是**具有普遍性的法則**，或著也可以說**科學定律**。第二個區塊則是當前所面對的**前置條件**。整個模型大致可以用下列的圖形表示：

〈涵蓋律模式〉

普遍法則（可以有超過一條以上，端看你想要說明什麼現象而定）

前置條件（一樣可以有一條以上，端看當時相關的環境有多複雜）

---

現象（被說明的現象）

到底科學說明是什麼意思，這樣的圖形可能還不是太清楚，讓我們實際透過一個例子，然後看看這個例子如何符合這個模式。設想有一天，我帶著我的皮球進去澡堂洗澡，我心血來潮把皮球放進水裡，手一放開之後，皮球馬上浮出水面，我要怎麼透過科學說明這種現象呢？根據韓培爾的涵蓋律模式，我的說明大概會是這樣：

〈涵蓋律模式〉

普遍法則：一個物體的密度如果比水還小，這個物體就會浮在水面。

前置條件：皮球的密度比水還要小。

---



註⑲ 或說「德裔美籍」。韓培爾出生於德國，也在德國受教育，一九三七年移民至美國而擁有美國籍。

大師語錄　知識是實驗的女兒。——達文西

現象：所以我把手放開之後，皮球馬上浮出水面。

透過韓培爾的涵蓋律模式，我們可以清楚看到一個現象如何透過科學來說明。涵蓋律模式對於科學哲學的發展意義重大。不過，儘管涵蓋律模式看起來似乎很美好，其中卻也不難看出許多問題，這也是為何後來的科學哲學家如波普、孔恩等人，都反對這種模式的科學說明方式。讀者們可以想想看，會不會有些說明不符合韓培爾的涵蓋律模式，而我們依然認為它們算是科學說明呢？

## （三）歸納法的困難

先前，我們曾說過歸納法本身不是一個有效推論，因此，任何仰賴歸納法所得出的結論，都不會是一個有效的結論，且都有被推翻的可能性（註20）。同樣地，我們也知道科學理論的結論時常透過歸納法得來，比方說「抽菸會得肺癌」、「水會往低處流」、「我們會先看到閃電才聽到雷聲」。雖然你可能會說，我們可以透過科學法則說明這些現象啊！但可惜的是，科學法則也是透過歸納法得出來的。

歸納法除了會讓科學研究的結論變成無效結論之外，是否還有其他難題呢？有的。歸納法還有一個重大的難題，會使我們因此沒辦法去選擇相信哪一個科學理論；又或者說，這個難題會使我們無法透過歸納出的經驗去篩選科學理論。哲學史上的歸納法難題，最著名的有兩個，第一個是休謨所提出來的歸納難題，我們在週三〈重要人物與理論〉中已經提過。另外一個則是由美國哲學家**古德曼**（Nelson Goodman, 1906-1998）所提出來的「**翡翠悖論**」，又稱為「**歸納新謎**」。

## 古德曼的翡翠悖論

古德曼說，從以前到現在，我們所發現的翡翠都是綠色的，而根據歸納法，如果到目前為止我們發現的所有翡翠都是綠色的，而且我們的樣本數夠大的話，我們就可以主張「所有翡翠都是綠色的」。所有我們發現過的翡翠都可以當作證據，證明這個主張是正確的。這個主張會變成一個科學理論，而且具有普遍性。但是，現在讓我們想想另外一種情況，假設這個世界上有一種特別的顏色叫作「綠藍色」（註21），這個顏色有一種很奇特的性質，就是在西元三千年以前，有這個顏色的東西會呈現綠色，而在西元三千年以後，有這個顏色的東西會轉變成藍色。我們發現到目前為止，所有的翡翠都呈現綠色，而且現在是西元三千年以前，因此，這些呈現綠色的翡翠也





註⑳ 更多的說明可參考週三〈重要人物與理論〉的「休謨」一節。
註㉑ 不同於我們日常生活中稱呼那些有點綠又有點藍的顏色，這裡說到的綠藍色與我們日常生活中使用「綠藍色」的方式完全不同。

大師語錄 沒有真理，只有解釋。——尼采

都可以拿來當作證據，證明「所有翡翠都是綠藍色的」這句話是正確的。這個主張可以變成一個科學理論，也具有普遍性。現在問題來了：同樣的一組證據，可以用來支持兩種不一樣的理論，那麼，究竟哪種才是正確的呢？

或許你會認為，這算哪門子的問題呀？這種奇怪的「綠藍色」根本就是古德曼自己創造出來的東西，世界上並沒有這種東西啊！所以我們不必去相信翡翠是綠藍色的。這樣的回應看似有道理，其實沒有真正打擊到這個悖論的核心。我們可以試想，「綠色」不也是以前的人創造出來的詞嗎？假設以前的人一開始創造的不是這個詞，而是創造「綠藍色」，以及跟上面相同的使用方式，我們現在搞不好就真如古德曼所說，是這樣在使用「綠藍色」的概念。在這種情況下，我們反而會說「綠色」是一種被刻意創造出來的奇怪東西。而且，這個悖論最大的殺傷力，在於歸納法所得出來的結論永遠可以超過一個以上；換句話說，相同的經驗證據可以支持不只一個結論。遇到這種情況時，我們該怎麼辦呢？這個困難到現在為止，還沒有哲學家可以給出令人滿意的解答。

## 3分鐘重點回顧

❶ 哲學是關於「思考」的學問，因此可以被使用在許多學科中。

❷ 政治哲學時常探討關於「正當性」的問題，諸如國家統治的正當性、政治體制的正當性，以及財富分配的正當性等。

❸ 國家統治的正當性，在中世紀時期來自於上帝，到了近代則來自於人民。

❹ 專制制度未必完全都是惡；對柏拉圖來說，賢明的君主或許可以讓社會生活得更理想。民主政治本身也有需要解決的困難，我們怎麼從克制人性的欲望面來選擇賢能的人，是投票行為需要考量的一個問題。

❺ 羅爾斯認為唯一符合正義、具有正當性的財富分配方式就是公平，但是在某些情況下，我們可以允許不公平的情況發生。

❻ 心物問題是心靈哲學中最重要的問題。關於心靈與身體的關係，古往今來有過許多理論，目前是以物理主義與功能主義居於主流地位。

❼ 人格同一性問題在日常生活中十分常見，我們時常需要辨識一個人是不是原來那個人。法官判案時不能夠抓錯人；我們在考量自己的未來時，也必定要預設未來那個人就是同一個我。

❽ 人格同一性的判準主要有三種：物理判準、心理判準、靈魂判準。

❾ 宗教哲學與神學的差別，在於宗教哲學不預設立場，純粹透過理性來解釋宗教語言，但神學已經預設了所屬的宗教是正確的。

❿ 宗教哲學的討論大多離不開神，尤其很大一部分是關於神的存在與否。歷史上有許多人試圖證明神的存在，也有許多人試圖證明神不存在。無論是哪一方，目前似乎都還沒有足夠具有說服力的論證。

⓫ 語言哲學探討語言現象，以及語言與世界的關係。語言哲學中最主要的議題大概是語言的意義問題，語言是如何擁有意義？意義又是從何而來？

⓬ 當我們能夠清楚區分「語言」與「語言的對象」後，這樣的區分有助於數學與邏輯的發展。

⓭ 科學的「劃界問題」是科學哲學中最重要的議題之一。邏輯實證論者透過「可檢證原則」區分科學與偽科學，波普則透過「可否證原則」區分兩者。

⓮科學說明是科學的其中一個目的，科學家企圖透過科學法則解釋這個世界。最早給出科學說明模型的是德國哲學家韓培爾，他透過涵蓋律模式解釋科學說明的形式。

⓯歸納法的難題主要有兩個，第一個是休謨提出，主要目標在於攻擊歸納法不具備推論上的有效性；第二個是古德曼提出的「歸納新謎」，主張歸納法無法決定我們應該採取的科學理論。

Day 05 Friday

星期五

# 用哲學看世界

-Q & A-

一門學科不管在理論上有多高的成就，如果無法在生活中實踐，總是會讓人感到些許的遺憾。哲學對許多人而言，就是這一種學科。今天，我們要打破這樣的觀感，讓人們了解哲學不但有理論上的價值，也擁有實踐上的價值。

# 原來這些議題都和哲學有關？——日常生活遇到的哲學問題

我曾經在這本書的一開始提到，哲學可以是一門具體的學問。既然是一門具體的學問，必定要能夠被人們拿來實踐。同樣地，我也曾經提過，許多哲學問題充斥在日常生活中，只是人們可能沒有意識到，那些問題原來算是哲學問題。

雖然針對許多的問題，哲學未必能夠給予一個讓所有人滿意的答案（基本上是完全沒辦法給出這樣的答案），但是，給出令所有人滿意的答案，從來都不是哲學的強項；哲學的強項在於**分析問題**。透過分析問題，有助於人們了解這個問題在問什麼，以避免雙方對於問題的理解有歧義，造成討論效率的下降（相信大家都曾有過牛頭不對馬嘴的經驗）。接著，哲學能夠提供一些可能的思考方向，讓大家朝更多元的方向思考問題。最後，分析這些思考方式又會造成哪些可能的後果。

在今天裡，我們會將哲學思考實踐到日常生活中，討論我們平常可能遇到的哲學問題。這樣的哲學問題非常多，我挑出了十一個問題作為例子，相信這九個問題對讀者來說，應該都有相當程度的熟悉，如此一來，在討論過程中才會比較容易有共鳴。當然，礙於篇幅關係，我們不可能針對這些問題有足夠深入的探討，有些問題很可能不會有結論，而會採取「點到即止」的態度。今天的目的在於點出問題意識，而非專題討論。因此，在這裡，我們將僅對日常生活中的哲學問題闢開一條討論的小徑，至於這條路能夠走多長，就交由讀者自行探索了！

## 問題一　我們可不可以吃肉？

在我們的日常生活中，不乏許多素食主義者，他們吃素的理由不盡相同，有些



大師語錄　人生就是一團慾望；慾望得不到滿足便會痛苦，得到滿足後便會無聊。——叔本華

是出於宗教因素，有些則是個人偏好（註1）。不論吃素的理由是基於宗教因素或個人偏好，這些理由都不具有普遍的規範力量。換句話說，這些理由沒辦法普遍化到其他人身上，因此，我們不能夠要求其他人基於同樣的理由來吃素。

但是有些人認為，某些理由確實具有普遍的規範力量，這些理由會要求我們應該吃素，不應該食用動物。這類人通常會將這種主張訴諸於動物擁有某些權利上頭。

## （一）動物權利

「動物權利」是什麼意思？在討論動物的權利之前，先讓我們想想看人的權利，也就是「人權」是什麼意思。一般來說，「人權」是指「身為一個人所應該享有的權利」。換句話說，只要是人，就會享有人權。那麼，回到動物身上，如果真有所謂的「動物權」，這種權利是否跟人一樣，只要身為動物就會擁有呢？

接著，讓我們先把這個問題擱在一邊，有另外一個比較重要的問題是：動物有哪些權利？同樣地，從人權出發，人類擁有的權利不外乎是生存權、自由權、平等權等一般被我們認為具有普世價值的權利，那麼，動物是否也擁有類似的權利？

## ✲ 動物權是否適用於所有動物？

到目前為止，我們在理解「動物權利」的意思上，有兩個問題。首先，動物權（註2）是否適用在所有動物身上？其次，動物權的內容是什麼？

針對第一個問題，有些支持動物權的人主張，動物權只適用於那些**具有感受力**的動物身上。有感受力（註3）的意思是說，這些動物有能力感受到疼痛、不安、愉快、自在等情緒。他們認為，除了有感受力的動物之外，其他的動物沒有動物權。之所以會限縮動物權的範圍，理由也很單純，他們認為凡是生來就具備感受疼痛能力的生物，應該擁有與生俱來的權利。因為對許多人來說，疼痛是一種負面價值，不管是發生在人類或動物身上都是不好的，應該加以避免。

但是，這樣的想法卻忽略了一個關鍵。對人類來說，擁有人權的原因並非是因為擁有「感受力」，而是因為「**身為人**」。如果感受力是必要的條件，那麼，我們好像必須承認失去感受力的人沒有人權。比如說，因為大腦皮層受傷而失去功能的植物人沒有人權。但是，我們顯然不會認為這一類植物人沒有人權，他們依然享有生命權、平等權、自由權等基本權利。因此，對於「是否所有動物都享有動物權」這個問

註❶ 也有些人吃素的理由是基於環境保護，這種理由比較仰賴科學數據，而非哲學論述，因此在這裡不多加討論。

註❷「動物權利」的簡稱。

註❸ 科學上一般認為大腦皮層是控管情緒與知覺的必要區域，因此，沒有大腦皮層的動物不會有情緒與知覺的感受。

題，還需要更多的論述，沒辦法輕易地從感受力來區分。

## ☼動物權的內容

第二個問題是關於動物權的內容。假設我們承認動物權的內容跟人權的內容相同，動物也享有生命權、平等權、自由權等基本權利，這樣是否就可以推論出我們不該食用動物呢？我想答案似乎是否定的。為什麼？讓我們回想一下，人權適用的對象是誰？顯然是人。因此，根據人權適用的對象以及內容，人權所約束的只有人類。舉例來說，我們不會說獅子吃人之後，這隻獅子違背了此人的生存權，因為人權不能約束非人的物種。同樣地，假設動物有類似於人權的動物權，那也僅代表動物之間不能夠違背彼此的權利，不代表人類食用動物會違反動物權，就好像動物食用人類不會違反人權一樣。

有人可能會回應說：「上面這種回應已經把人類排除在動物之外了，但人類事實上屬於某種動物啊，因此，動物權當然可以包含人類。」如此一來，當動物真的擁有權利時，表示這種權利可以約束包含人在內的動物。換句話說，這種主張不區分特定的物種，而把動物看作一個整體，彼此之間不能互相違背權利。

這是一個可能的回應方式，但這種回應方式也可能造成一些後果，比如「人權」本身變得可有可無，不是很重要（因為範圍太狹隘，可以被動物權取代），真正重要的反而是「動物權」（包含人在內）。然而，我們真的能夠接受「權利」的對象是動物，而不專指人嗎？

對許多人來說，權利時常伴隨著「義務」，而義務本身需要先被理解，才有辦法被實現。但是，動物大概很難理解什麼是義務。當我們討論「人權」時，我們可以協調彼此之間的權利與義務關係，但是我們無法跟人以外的動物協調這種關係。我們不會期望獅子能夠理解牠有「義務」尊重我的生命權，不能吃我。換句話說，動物權變成是一種人與動物的單向關係，非人的動物只有權利，沒有義務。這種權利真的是我們可以接受的嗎？

## （二）賦予動物「福利」

關於動物有權利的理由當然還有很多，但是我想先停在這邊，然後從另外一種想法出發。有些人認為，就算動物沒有權利，我們還是應該吃素，因為我們要賦予動物「福利」。他們的說法大概是這樣：動物對於人類來說算是弱勢，而給予弱勢福利是一種道德要求。如果我們不食用動物也可以生存，那麼我們何不給予動物一些福利，讓牠們可以不必因此遭到殺害呢？而且，比起肉食所帶來的快樂，保護動物的生命有更高的道德價值；如此一來，我們改吃素會是比較有道德價值的選擇。

這種想法不主張動物有權利，而主張吃素比較有道德價值，因為這樣可以保護動物的生命，減少殺害。但是，我們要注意這種主張並不蘊含吃肉應該被譴責，只蘊含吃肉比較沒有道德價值而已。因此，持有這種主張的人，不能因此譴責肉食者在道德上是錯的，因為道德錯誤與道德價值是兩種不同的概念。

最後，我想再提出一個問題作結：就算動物有動物權，是否就代表了我們不能吃肉呢？有沒有什麼情況是就算動物權存在，我們吃肉依然不算是道德錯誤？我們可以從一個例子來做類比：人擁有自由權，但是在某些時候（例如犯罪），自由權可以被剝奪（例如被監禁）。那麼，動物權是否也有類似的情況？

## 問題二 國家有權利設立死刑嗎？

死刑的存廢，是這世界上許多國家的一個熱門議題，前一陣子在台灣也掀起了不小的騷動。根據調查，台灣的民意普遍支持死刑，但這還不足以用來支持死刑的存在。當我們將死刑議題拿到檯面上討論時，應該採取的方式是謹慎思考與理性對話，尤其此議題關乎人的生命，公眾意願與個人情感必須暫時排除在外。接著讓我們來看看，我們可以透過哪些理性的方式來支持死刑，以及其困難。

### （一）支持死刑：應報論與後果論

一般來說，支持死刑的人通常持有的論點分為兩大類，一類是從「**應報論**」的觀點出發。這種觀點認為罪犯的懲罰應該與其罪行相稱，如果罪犯的犯行對社會造成十分的惡，那麼罪犯就應該受到十分的懲罰，依此類推。如此一來，如果罪犯造成十分嚴重的惡行，就必須承擔同等程度的懲罰。對人來說，最嚴重的懲罰莫過於生命被剝奪，因此，當罪犯的惡行達到某種程度之後，死刑是一種最能夠相稱於其罪行的懲



大師語錄　何必為了生命中的一部分而哭泣？生命本身就是可泣的。
——塞內卡

罰。所以，死刑是合理的，也是必要的。

另外一類觀點是根據後果來考量，被稱為「**後果論**」。這種觀點主張懲罰的目標在於其嚇阻力。當我們懲罰罪犯時，我們不但是要嚇阻罪犯，讓他們以後避免犯下同樣罪行，同時也要嚇阻社會上潛在的罪犯，讓他們因此感到警惕。死刑是一種最具有嚇阻力的手段，只有當死刑存在時，才能夠用來嚇阻那些意圖犯下極大罪行的人。

## ※應報論的問題

我們先從第一類觀點來討論死刑的存廢問題。應報論的觀點看來很符合一般人們對懲罰的直覺，一個人犯了多大程度的錯，就應該承擔同樣的痛苦。就連我們在制定法律時，都會要求法律必須符合比例原則，不可以讓重罪受到輕罰，反之亦然。

但是，應報論真的足以支持死刑的存在嗎？我們知道，應報論這種觀點最古老的來源，就是所謂的「以牙還牙，以眼還眼」，罪犯如果讓對方失去了手臂，就必須賠上一隻手臂。但是，這樣的想法在現代已經無法適用。對許多人來說，人有基本的尊嚴及權利，有些行為不能夠施加在其他人身上。比如說，我們對性侵犯的懲罰，不會是讓此人也受到性侵害；同樣地，我們也不會去虐待那些虐待他人的罪犯。當我們對待這些犯人時，我們依然採用剝奪其自由的方式來懲罰。換句話說，就算這些罪犯有這樣的罪行，我們也不能夠用同樣的手段對待他們，這是因為我們普遍認為某些行為本身就是不道德的，無論我們如何憤怒，都不能將之施加在人的身上。

如果我們認為「性侵」性侵犯及「虐待」施虐者，是不被道德許可的行為，那麼，我們如何能夠同意剝奪殺人者的生命是被道德許可的呢？如果道德不允許我們剝奪殺人者的生命，法律似乎就不能保有死刑的存在。

支持應報觀點的人可能會主張，有些人的罪行已經重大到只有死刑才足以與其相稱，如果不能對這些罪犯判處死刑，將是一種嚴重的不正義，罪行與懲罰會嚴重地失衡，更會令大眾無法接受。但是，死刑真的是一種我們可以借用以恢復正義的手段嗎？如果正義就是嚴格執行「罪刑與懲罰相稱」，那麼我們是不是必須同意，在某些罪大惡極的行為下，我們可以允許「凌遲至死」的刑罰呢？

關於應報觀點的討論，我就停在這邊，讀者們可以再想想看，我們真的是在理性上認為死刑是種可以被使用的手段，還是只在情感上這麼認為？



 大師語錄 沒有運氣這回事；一切無非是考驗、懲罰或補償。——伏爾泰

## ※後果論的問題

接著是「後果論」觀點的討論。後果論觀點認為死刑的嚇阻力是有必要的，只有死刑存在，才能夠嚇阻那些想要犯下極大惡行的人，讓他們因此有所顧忌，不敢犯罪。這樣的想法看起來也頗具吸引力，但是，這樣真的足以支持死刑的存在嗎？

首先，後果論觀點關注刑罰的後果，而刑罰的後果有兩個面向，一個是針對受刑人，一個是針對潛在罪犯。顯然，死刑的存在無法嚇阻受刑人，因為在執行死刑後，受刑人已經失去生命，當然不可能在未來犯下同樣的過錯。因此，死刑對於受刑人來說不具有嚇阻力。那麼，死刑對潛在罪犯的嚇阻力，真的有支持者所主張的那樣明顯嗎？這個部分必須交由實際的統計數據來決定。可惜的是，不管是支持死刑或反對死刑的一方，似乎都能夠拿出對自己有利的證據。因此，死刑的嚇阻力目前看來還是不夠明朗。

或許有人認為，這種東西還需要統計數據嗎？人就是怕死啊！既然人怕死，那麼死刑當然具有嚇阻力啊！但是，人真的這麼怕死嗎？我們可以透過下面這個問題來檢視一下。我相信大多數人都有駕駛交通工具的經驗，在駕駛交通工具時，我們通常會遵守交通規則。現在問題來了，我們遵守交通規則的原因，主要是擔心我們的生命安全受到傷害，還是因為我們不想被開罰單呢？當我們闖紅燈時，我們最擔心的是發生交通意外，還是前面出現警察呢？我想對許多人來說，恐怕都是後者吧。

有人可能會認為，上面這個例子是錯誤的類比，因為那些擔心前面出現警察的人並非不怕死，只是當下沒想到這樣的行為可能造成足以死亡的意外罷了。如果支持死刑的人這麼回應，那麼反對死刑的人就可以順著說：你看吧，這些人在這種情境下沒想到可能會死亡；同樣地，許多犯罪者在犯罪的當下，也不會認知到自己的罪行將使自己被處以死刑。如此一來，死刑的嚇阻力根本就沒有效果嘛！

上述的說法真的足以說明死刑的嚇阻力不足嗎？這個問題我將不再多做敘述，丟給讀者自己思考。支持死刑的論述當然還有許多，同樣地，也還有其他反對死刑的論述沒有在這裡出現。最後，我想問同一個問題：如果嚇阻力真的可以用來支持刑罰，那麼凌遲處死的嚇阻力一定比死刑還大，我們是否也必須接受這樣的刑罰呢？如果不行，是否代表著刑罰有一些不能逾越的界線？如果有的話，死刑是否逾越了那條刑罰的界線？這些問題都是我們在討論死刑的存廢時，更為根本的問題。




大師語錄　只有整個人類的幸福才是你的幸福。——狄慈根

## 問題三　公眾人物感情出軌，為什麼要跟大家道歉？

不管是在國內還是國外，公眾人物的感情生活一直是大家好奇的對象。在媒體們不停挖角與跟拍的緊迫盯人之下，公眾人物爆出婚外情的事件層出不窮。在婚外情爆發之後，我們時常會看到一個現象，就是這些公眾人物或者招開記者會，或者發表聲明稿，為自己的行為向社會大眾道歉。或許我們會同意這些人確實需要向某些人道歉，但是，他們真的需要向「社會大眾」道歉嗎？

### （一）公眾人物扮演的角色

要回答這個問題，我們要先思考，公眾人物在社會上扮演的角色是什麼？公眾人物大致可以分成三類：政治人物、運動明星、演藝人員。以政治人物為例，我們希望這些被選出來的政治人物能夠帶領國家走向正確的方向；執政方必須透過其專業素養制定出好的決策，監督者要克盡其責監督政府之責，做好百姓的守門人角色。以運動明星與演藝人員為例，他們之所以成為公眾人物，獲得許多人的支持，不外乎是他們在自己的專業領域上有優秀的貢獻，因此獲得了名氣與粉絲。

看起來，公眾人物扮演的角色必定與他們的職業相關。我們可以因為一個政治人物沒有達到自己應盡的責任，沒有好好制定國家政策，或者沒有好好監督政府、貪汙情事等等，從而責備這些人，要求這些人道歉與下台。同樣地，我們也會因為各自支持的運動明星沒有好好鍛鍊自己，荒廢自己的運動能力，從而指責他們沒有身為運動員的自覺。此外，當我們因為喜歡某些藝人的表演而購買他們的表演產品時，我們當然也可以因為這些產品品質下降，從而要求他們給個交代。

我想說的是，我們通常會同意，當這些人沒有盡到自己的責任，卻又仰賴這樣的身分來獲得財富時，我們確實可以指責他們不應該這麼做，而他們也應該向人們道歉。接著，我的問題是：這些人在他們的專業領域外，是否還扮演了其他的角色？比方說，扮演著要符合社會主流道德觀的角色？這個角色是他們「應該」要扮演的，還是我們「擅自」扣在他們身上的呢？如果這些人「應該」要扮演這樣的角色，那麼我們就會同意，當他們違背了社會主流道德觀時，應該向社會大眾道歉，因為這是他們的責任。但是，如果這些角色是我們「擅自」扣在他們身上的話，當他們違背這個角色時，似乎就沒有向社會大眾道歉的「義務」。



大師語錄　只愛一個人是種野蠻的行為，因為其他人就因此犧牲了。
——尼采

## （二）公眾人物應該扮演符合社會主流道德觀的角色？

因此，讓我們來想想看，有哪些理由可以用來支持我們主張「公眾人物除了其專業之外，還應該扮演符合社會主流道德觀的角色」。首先，最直覺的理由大概就是因為他們是「公眾人物」了。我們大多會認同，身為公眾人物確實擁有比一般人還要多的影響力；當他們比一般人更有影響力時，就必須對自己行為可能造成的影響負責任。如此一來，「具有更大的影響力」就成為了他們應該扮演這個角色的原因。一旦擁有足夠的影響力，就自動得扮演這樣的角色，這個原因足夠具有說服力嗎？首先，怎樣才算是具有「足夠的」影響力呢？能夠影響一百人算不算足夠？一千人、一萬人呢？顯然，「足夠」的定義是十分模糊的。

接著，具有足夠的影響力，就勢必要自動扮演這樣的角色嗎？讓我們將對象抽離人，考慮電影。我相信許多電影都具有足夠的影響力，那麼這是否代表電影也必須扮演類似的角色，電影的內容必須符合社會主流道德觀呢？我們大概不會這樣認為。為什麼我們不去要求同樣具有影響力的電影，卻要求人扮演這個角色呢？有人可能會回應，那是因為大家都知道電影是假的啊，所以不會被影響，但公眾人物卻是真實的，因此容易受影響。

這樣的回應真的成立嗎？試問，當看到公眾人物發生醜聞時，我們是抱持著「這些行為會影響到其他人」而感到憤怒，還是抱持著「又有一場好戲看了」而感到好奇？對許多人來說，看著公眾人物的醜聞，就跟看一場戲一樣，沒什麼差別。我們時常看到人們模仿電影情節，反而不常看到人們模仿公眾人物的行為。因此，「人們可以判斷電影是假的，公眾人物是真的，因此公眾人物對人的影響遠大過電影」這樣的想法，不是這麼容易可以成立的，可能還需要其他更多的論述。

也可能有人說，感情出軌在道德上是錯的，這些人本來就應該道歉，跟他們是不是公眾人物無關。這樣的說法對了一半，錯了一半。確實，如果感情出軌在道德上是錯的，這些背叛者當然必須承擔某些責任，為了自己的行為道歉。但是，如果只是基於這種理由，他們道歉的對象不會是社會大眾，而是那些被他們傷害的人，比方說他的配偶、父母與小孩。這就好像我們大概不會認為隔壁老王發生婚外情之後，在不影響鄰居的情況下，也應該跟他的鄰居道歉吧？



大師語錄　人把自身分裂成精神和肉體、理智和感覺、靈魂和軀體、責任和意欲……，他對事物的看法隨著這種分裂而改變。——雅斯培

## （三）公眾人物何時該向社會大眾道歉？

但是，我們是否真的無法要求公眾人物道歉呢？其實也未必。我們時常看到許多公眾人物幫各種產品代言，比如說，有些公眾人物透過自己好父親、好丈夫等形象，代言保險、奶粉、尿布等與其形象相關的產品。這些公眾人物是透過自己的形象獲得代言機會，然後賺取金錢，因此，一旦他們發生醜聞，使其代言產品所仰賴的形象崩壞，他們就應該向許多人道歉；除了向他們代言的廠商道歉之外，還必須向基於他們的形象而購買產品的人道歉。假設這個產品的使用對象是社會大眾，這時此位公眾人物似乎就應該向社會大眾道歉了。

最後，除了上述的說法外，我們還可以有什麼理由，主張公眾人物做出違反社會主流道德觀的行為之後，應該向社會大眾道歉呢？雖然先前我反駁了「足夠的影響力」可以作為理由，但是我的反駁真的成立嗎？是否還可以有其他說法加以回應呢？讀者可以再想想看。

問題四

# 機器人可不可以有人權啊？

科幻電影一直有許多的支持者。除了精采的動畫與磅礡大場面之外，許多科幻電影還蘊含了豐富的哲學性。在這一節，我想透過科幻電影的內容，討論一下機器人與人類之間的關係。在電影《變人》（*Bicentennial Man*）中，羅賓威廉斯（Robin Williams）所主演的機器人管家安德魯是一個特殊的機器人，他裝設有「情感晶片」，擁有與人類相似的情感。安德魯擁有好奇心，而且他渴望自由，甚至在陪伴了小女主人多年之後，對小女主人產生了感情。這種感情或許未必是愛情，但至少是一種很真切的情感。在電影中，隨著時間流逝，安德魯愈來愈接近人類了。他動手術讓自己的外表變成人類，甚至將自己的機器構造轉換成人造器官。到了最後，安德魯甚至會因為身體老化而死亡。

整部電影的主軸就環繞著「變人」兩個字，描述安德魯如何透過各種努力，嘗試變成一般人類，並且渴望獲得認同。我相信看過這部電影的人，很難否認安德魯最後真的變成人類了，畢竟他在各方面幾乎都跟人類沒有差異。從這部電影出發，要回



大師語錄 什麼是心靈？不是物質。什麼是物質？我絲毫不在乎。
——柏克萊

答機器人能不能夠擁有權利，我們必須先釐清機器人與人的差別究竟在哪裡，以及這個差別一旦消除，是否就允許我們將機器人視為人。

## （一）機器人與人的差別

機器人與人的差別在哪裡？首先，我們大概不會認為差別在人類是肉做的，機器人不是。畢竟在科技發達的現在，有各式各樣的人造器官幫助我們生存。儘管這些人造器官大部分不是肉做的，我們也不會因此認為裝設人造器官的人不算是人類。

我想，最多人會想到的答案應該是「機器人沒有心靈」：意思是說，機器人沒有辦法跟人類一樣擁有心理特徵。舉例來說，機器人不具有情感，沒辦法愛人與恨人；機器人不具有知覺，沒辦法感受到各種感官經驗；機器人沒有自由意志，無法做出選擇；機器人沒有自我意識，無法感受到自我。

### ☼他心問題

上面的描述似乎暗示了如果機器人沒有心靈，就不能被視為人類。但是，我們真的能夠這麼精確地掌握誰擁有心智能力嗎？哲學上有個知名的問題叫「**他心問題**」

（the problem of other minds），這個問題大概是說，我們實際上沒有任何直接的方法，得以判斷自己以外的生物（包含其他人）是否擁有心靈。到目前為止，我們都只是間接地判斷其他人擁有心靈而已。為什麼是間接地？因為當我們說別人擁有心靈時，我們的證據幾乎都是透過與別人相處，別人可以適當地回應某些行為，或者可以與我們溝通而得來。換句話說，我們只能仰賴這些間接證據推論對方擁有心靈，而沒有直接的證據，因為我們無法直接感受到別人的心理特徵（除非某種窺視內心的超能力真的存在）。

### 圖靈測驗

英國數學家**艾倫・圖靈**（Alan Turing）曾經提出一種鑑定機器是否會思考的方法，這個方法被稱為「**圖靈測驗**」（Turing test），測驗的內容如下：準備一個正常人A與一台機器B作為對話的對象，另外一個人C要同時與A和B對話。在對話過程中，C沒有辦法看到對方是人類還是機器。如果在一段時間的對話之後，C還是沒辦法分辨出哪一個是機器，那麼這台機器就通過圖靈測驗，是一台會思考的機器。

我們可以將這個測驗做些修改：假設你的面前有兩個人D與E，這兩個人都有



**大師語錄** 一個有紙、筆、橡皮擦，且遵守嚴格行為準則的人，實質上就是一台通用圖靈機。——圖靈

人類的外表，但其中一個是機器人。在與他們相處了一段時間後，你依然無法區分出哪個是機器人，如此一來，機器人就通過了圖靈測驗。這個測驗的目標在於如果我們無法區分哪個是機器人，我們要如何真正地判斷其中一個擁有心靈，另外一個沒有呢？如果我們無法做出這樣的判斷，好像就沒有良好的理由說其中一個可以享有權利，另一個則否。因此，假設「他心問題」一直沒有被解決，而且機器人又可以通過上述的圖靈測驗，那麼我們還能夠放心地認為機器人沒有心靈嗎？

### ✡中文房間論證

美國哲學家**約翰．瑟爾**（John Searle, 1932-）曾經給出著名的「**中文房間論證**」（the Chinese Room Argument），這個論證的大意是說：一台機器就好像是一個房間裡住著一位美國人，這個美國人可以透過事先設定好的中文指令大全（類比機器的程式），適當回應外面給出中文指令的人（類比與機器溝通的人）。儘管彼此間可以順暢溝通，但這不代表美國人就因此了解中文。換句話說，可以通過圖靈測驗，依然不代表機器就理解這些指令的內容；機器事實上還是缺乏思想能力。如此一來，透過中文房間論證，我們好像就不能主張通過圖靈測驗的機器人擁有心靈了。

中文房間論證對許多人來說是十分具有說服力的論證，但是，這個論證真的這麼堅不可破嗎？還記得我們曾經說過，「他心問題」是一個目前在哲學上無解的問題。因此，中文房間論證看起來雖然很吸引人，但對手或許還是可以主張這個論證已經犯了丐題的謬誤。怎麼說呢？這個論證已經預設了「房間裡的美國人不懂中文」，最後當然會推論出「房間裡的美國人不懂中文」這個結論。

或許通過圖靈測驗的機器人，根本不像中文房間論證所建構的那樣，說不定這些機器人真的可以透過足夠精密的設計而理解指令。既然我們無法直接確認機器人是否擁有心靈，瑟爾就無法理所當然地主張，他的論證精確地捕捉了圖靈測驗的原理。

最後，我要將這一節的討論用兩個問題結束，第一個問題是：你們認為有沒有什麼方法，可以繞過「他心問題」來判斷某個對象是否擁有心靈呢？接著，心靈一定是擁有人權的必要條件嗎？舉例來說，如果有些人的心智能力受到嚴重傷害，因此喪失了心靈，這些人會因此失去人權嗎？這些都是讀者們可以再往下思考的問題。



大師語錄　別傻了，一個程式不管多麼地有智慧，都不可能具有我們平常所說的「心靈」或者「理解能力」！——瑟爾

## 問題五　恐龍法官真的很恐龍嗎？

「恐龍法官」是台灣新興的一個名詞，用來描述那些坐在法院裡面高高在上，卻與現實嚴重脫離的法官。這個名詞的導火線起源自二〇一〇年的一起女童遭受性侵事件。在這個事件中，女童坐在被告的大腿上被性侵，檢察官起訴被告時，以「加重強制性交罪」起訴，但是法院認為根據被告與證人的口供，女童對於被告的行為沒有表示抵抗，因此不滿足「強制性交罪」的構成要件。如此一來，當然不可能以「加重強制性交罪」起訴，於是改以「與未成年人性交罪」輕判。

這起事件在當時引發了軒然大波，不論新聞媒體或政論節目，都針對這個事件開設不少專題討論，也直接引發了接下來的白玫瑰運動與相關法條的修改（註4）。從眾多的討論中，我們可以發現這個事件最關鍵的部分，在於法官對法條的詮釋。當時的「強制性交罪」有許多構成要件，其中一個構成要件是「違反被害人意願」。當時的法官認為根據證據，小女孩的主觀意願沒有被違反，因為小女孩沒有表達反抗與哭鬧。既然不滿足構成要件，就無法以「強制性交罪」起訴。

由於這起判決，該時的法官被冠上「恐龍法官」一詞，因為民眾認為他的思想太過僵化，對於法條的詮釋與理解太過古板，就像活在古代一樣，完全脫離現實社會的脈絡。這種對法官的攻擊是有道理的嗎？

## （一）女童的意願有沒有效力？

首先，我們要釐清一點，在這個案件裡，六歲女童的意願有沒有效力？「有沒有效力」的意思是指，假設在這個案件中，六歲女童明確表示了自己的意願，我們是否會將此意願納入判刑的考量？如果女童的意願具有效力，那麼這個案件可能沒什麼好談的了（註5）。因此，我們應該談談為什麼女童的意願沒有效力？

我相信在這個案件裡，六歲女童的意願是無效的；就算女童表示自己願意這麼做，依然無法算是自願。為什麼呢？原因在於女童無法了解何謂「**性的社會意義**」。性行為不只是一種單純的行為，此行為在社會上被賦予許多意義，比方說，性行為代表自己對於身體的掌控權，自己可以決定是否要與他人發生性關係；此外，許多人認為性行為是一種承諾與責任；或者，有些人認為性行為代表全心地付出；當然，也有

註❹「強制性交罪」修法的方向朝移除「違反意願」構成要件前進，草案修訂為「對於他人以強暴、脅迫、恐嚇、藥劑或其他相類之方法，而為強制性交者，處五年以上有期徒刑。」當然這樣的修改方式可能會有其他問題，不過這不是本文的主軸，因此略而不談。

註❺如果女童的意願具有效力，而案件中女童的意願是不抵抗，似乎就沒有可以攻擊法官的地方。因此，我們應該主張女童的意願根本不重要。

些人認為性行為僅是一種身體活動。先不論這些社會意義是否有道理，我們無法否認這是一種社會事實。當一個人了解這些社會事實之後，非常有可能因此決定此人對於性行為的態度。換句話說，一個人要真的能夠自主決定是否要與他人發生性關係，很大程度取決於此人對於性行為意義的理解。

通常，我們不會認為女童對於性行為的意義可以有任何足夠的理解。我相信對女童來說，性行為可能跟跌倒沒有太大的差別，同樣都是身體會有點痛、可能會流血等。因此，在女童根本不了解何謂「性行為」的情況下，我們當然不會認為女童的意願是有效力的，畢竟，一個人如何真的對自己完全不了解的東西，表達願意或者不願意呢？

## （二）法官的判決有沒有問題？

假設我們都同意女童的意願沒有效力，那麼，我們是否就可以因此攻擊法官的判斷有問題？或許還是沒有這麼容易，讓我們來看一下強制性交罪的現行條文：

對於男女以強暴、脅迫、恐嚇、催眠術或其他違反其意願之方法而為性交者，處三年以上十年以下有期徒刑。

根據上述的法條，假設我們都同意不需要考量女童的意願，那麼結果就是法官依然沒有辦法從這個事件中，找到符合強制性交罪的構成要件，因為在這起事件中，沒有證據顯示女童受到強暴、脅迫、恐嚇以及催眠等行為。如此一來，我們真的有好理由指控法官嗎？

法官在社會上所扮演的角色，應該是要能夠公正地做出判決。這裡的公正不是指社會大眾所認定的公正，因為那很容易變成一種民粹。法官所遵循的公正，是要能夠公正地將法律應用在每一個人身上。換句話說，我們期待法官能夠公正地**依法執法**。法官嚴格遵守法條的規範，不能夠基於個人情感與外界壓力，擅自修改或詮釋法條，這不才是我們希望法官能夠扮演的角色嗎？

儘管如此，民眾是否就不能夠在這次事件中感到憤怒了呢？還是可以的。民眾的憤怒可以讓我們思考兩個面向：首先，如果有其他罪名更符合此案件中被指控者的事態，並且在刑責上更符合我們的認知，那麼民眾應該責備的是**檢察官沒有使用更適切的罪名來起訴**；再者，如果在這次的案件中，考慮現今法律不存在更適切的（更符





大師語錄　最高的法律是良心。——雨果

合此行為的）刑責，使得法官只能用較輕的罪名判刑，在這種情況下民眾應該將對象轉向**法律本身**。但是，不管在哪種情況下，將法官視為憤怒的對象都是不夠合理的。

民眾的憤怒可以是有道理的，這裡的「有道理」，並非指民眾對於法條該如何修改的意見是正確的，而是指民眾的憤怒可以合理地被理解。民眾可以合理地質疑法條，或許罰則太輕，或許法條內容不夠完善，這些都足以讓民眾合理地憤怒。只是，當我們在憤怒時，要好好思考我們期望改變的對象，到底是那些嚴格遵守法條的法官，還是那些制定可能不夠周詳的法條？或許，與其稱呼這些法官為恐龍法官，不如稱呼某些法條為「恐龍法條」還更為貼切。

## 問題六 人可不可以自殺？

人到底可不可以自殺？首先，這個問題如果這樣問，可能非常地不清楚，因為我們沒有事先設定「可不可以」的意思是什麼。有些人可能會想：「可以啊，什麼笨問題，刀子一抹就自殺了。」這確實是一個回應方式，這種回應方式將「可不可以」

理解成「**有沒有能力**」。又或者，可能有些人會說：「當然不可以啊，法律規定不能自殺。」這種回應則是將「可不可以」理解成「**有沒有違背法律**」。不過，我們在這一節討論這個問題，想問的不是我們有沒有「能力」自殺，也不是想討論「法律的規定」。在這一節，我們談**道德**。到底自殺這個行為本身是否違背了道德要求？或者說，是否有一些道德原則要求我們不能夠自殺？

## （一）自殺一定不道德嗎？

有些哲學家嘗試為「自殺」這項行為建構正當性，他們認為在某些情況下，自殺不會是一件違背道德的行為。他們怎麼論述這一點呢？首先，他們認為我們應該同意，對某些人來說，活著比死亡更痛苦。舉例來說，有些人生了重病（例如癌症末期、脊椎受傷而全身癱瘓者），生活不能自理，生命失去了最基本的尊嚴。同時，以目前的醫療技術判斷，在死亡之前都沒有痊癒的機會。在這種情況下，對這些人來說，提早死亡會比等待死亡來得更不痛苦。接著，在滿足前項條件的情況下，如果此人的死亡（一）不會違背他的意願（二）不會使世界變得更糟，那麼此人的自殺不會是道德上錯誤的。

大師語錄　唯有自殺是真正嚴肅的哲學問題。——卡繆這是一個後果論式的論證，完全從自殺的結果去判斷自殺是否會違背道德原則。我們大概不會反對，在某些情況下，某人的自殺行為確實可以符合上述那些要件。我們可能也會認為，在這種情況下，自殺確實是一種在後果上最佳的選擇。但是，我們真的可以認同這種後果論式的說法嗎？

## （二）生命的內在價值

對許多人來說，自殺所帶來的後果，跟道德上能不能自殺完全是兩件事。他們認為生命本身就是一個具有內在價值（註6）的東西，一旦生命受到剝奪，就是一種道德上的錯誤。因此，就算自殺會帶來好處，也不能用來支持自殺沒有違背道德原則。

不過，我們真的認為生命本身的內在價值這麼重要嗎？讓我們把這樣的想法再做一些延伸。假設生命的內在價值這麼重要，那好像意味著不管怎樣的生命，我們都應該保存下來；如果沒有善盡保存生命的責任，我們就犯了道德上的錯誤。如此一來，當一位孕婦因為某些原因而造成流產時，我們似乎得要斥責這位孕婦不道德，因為他們沒有保存一個具有內在價值的生命。同樣地，當我們透過產前檢查，發現一個即將出生的新生命患有重度殘缺，出生後頂多只能活一個禮拜，而且這個禮拜內會經歷極大的痛苦，我們也不能夠在出生前就將此生命剝奪，因為這樣做也是不道德的。

對許多人來說，我們大概不願意去責備小產的孕婦；同樣地，我們大概也寧願事先剝奪重度殘缺新生兒的生命，也不願讓他們出生到這個世界上來受苦。對我們來說，有些東西似乎比生命的內在價值來得更重要。

## （三）生命的終極目標

另外有一些人主張，自殺在道德上當然是錯誤的，因為所有生命的終極目標都是「**自我保存**」，而自殺違背了這項目標。違背生命終極目標的行為，就是一種道德上的錯誤。這種說法有困難的地方，在於為什麼生命的終極目標是「自我保存」呢？這個目標是誰設定的？或許對於人類以外的人來說，終極目標是「自我保存」，但是人類看起來未必適用？假如「自我保存」真的是人類的終極目標，那麼我們很難想像怎麼還會有人願意自殺呢？對某些人來說，「自我保存」顯然不是他們生命最重要的目標與價值。接著，就算我們同意生命的終極目標是自我保存，但是我們不見得要同意「違背生命終極目標的行為，就是道德上的錯誤」。舉例來說，當意外發生時，許多父母親寧願犧牲自己的生命，也要保護自己的小孩。這些父母違背了他們生命的終



註❻「內在價值」意指「本有價值」，此價值不是基於其他理由而產生。生命具有內在價值，意思是說生命的價值正是來自於「生命」本身，不是因為生命可以帶給我們什麼其他好的東西。

極目標，但是我們不會認為他們做出了道德上錯誤的行為，反而會讚揚他們有高尚的道德情操。

## （四）當自殺行為變成一種普遍現象

還有沒有其他的可能，主張自殺是道德上錯誤的呢？我認為還有一種可能的說法。假設我們同意，在某些情況下，自殺對自殺者來說是更有價值的選項，同時這選項不會違背此人的意願，也不會使得這世界變得更糟。然而，這真的代表我們應該同意在這種情況下，自殺是不違背道德的嗎？

我想未必。怎麼說呢？我們可能可以同意，「個別」的自殺行為可以符合上述的條件，但一旦我們認同了個別的自殺行為，使得自殺行為變成一種「普遍」現象，就非常有可能影響到這個世界及社會了。更精確一點地說，某些人可能符合上述的條件，其死亡對世界沒有影響。可是一旦這些符合條件的人都選擇死亡，世界可能因此遭受嚴重的影響。舉例來說，假設世界是一個非常精密的機器，而每個人都扮演著其中一小塊零件，任何單一零件的損壞都不會影響這台機器（馬上可以有新的替補），可是一旦這些單一零件「共同」損壞，這台機器很可能馬上就停擺了。

因此，同樣根據後果論式的說法，如果我們允許這些符合特定條件的人可以選擇死亡（而且不違背道德），一旦他們擺脫了道德枷鎖，很可能因此造成不好的後果。如此一來，我們好像就不一定非得同意這些人的行為沒有違背道德原則了，他們反而可能造成更大的災難。

上述這種反駁，真的具有足夠的力量嗎？反對者有沒有其他可能的回應呢？我想可能還是有的，但是我將停在這裡。讀者們可以思考，一旦我們認同後果論式的論證，自殺沒有違背道德，真的一定會產生這種集體效應嗎？還是說，只是「可能會」產生這種集體效應，就足夠了？認為自殺犯了道德錯誤的人，還有沒有其他說法？

## 問題七 墮胎有沒有不道德？

根據統計，台灣每年墮胎的人數可能高達五十萬人，幾乎是台灣每年新生兒人數的三倍之多。有許多人將墮胎人數居高不下的原因，指向《優生保健法》的限制太過寬鬆，導致想要墮胎的母親幾乎都可以找到墮胎的合法理由。在這一節，我們一樣



大師語錄 自由不是想做什麼，就做什麼；自由是教你不想做什麼，就可以不做什麼。——康德

要撇開法律，專注於討論「墮胎」的道德問題。從台灣這麼高的墮胎人數來看，這項行為對許多人來說，似乎不是一件違反道德的行為。又或者，就算這是一件違反道德的事情，許多人卻不是太在意。那麼，墮胎到底是不是一種道德上的錯誤呢？

## （一）非預期受孕是否可墮胎？

我們大概都可以嘗試找到一些理由，支持我們主張人可以在某種情況下選擇墮胎。比如說，當孕婦是因為受到強暴而受孕時，我們大概認為她可以選擇墮胎；此外，當胎兒被發現有嚴重的身體缺陷時，我們或許也不會反對墮胎。又或者，當胎兒的存在影響母體的生命安全時，可能也是一種允許墮胎的情況。為了讓所討論的問題能夠更集中，這裡先假設我們同意上述這些情況是可以墮胎的。接著，讓我們將問題轉向「非預期受孕」，我相信這是最多數人面對的處境。而且，我們考量的生命是「胎兒」（註7）。現在的問題是：在非預期受孕的情況下，是否可以選擇墮胎？

### ☼胎兒算不算是人類？

面對這個問題，最常見且最直覺的回應是：胎兒還不算是人類，所以墮胎不是道德上錯的，因為胎兒不擁有生命權。這個回應最關鍵的部分在於「胎兒不是人類」這一個宣稱。因此，這個回應要能夠成立，必須有好的理由說明為什麼胎兒還不算是人類。我們大概可以設想一些理由，說明人類擁有一些特別的能力。比方人類具有理性思考的能力，這種能力使我們與動物產生決定性的差異；再者，人類擁有複雜的溝通能力，使人們可以互相協調個別的行為，以達到最安定的生活。或許某些動物也具有溝通能力，但是沒辦法像人類這樣複雜、清楚。接著，人類有「自我」的概念，會將生活中接收到的感官經驗歸屬到自己身上。有了自我的概念，人類才能規畫自己的未來，以及擁有其他更複雜的心理特徵，諸如動機、高階的欲望（註8）等等。

這些特徵都是人類與非人類動物最關鍵的差別，只有人類能夠擁有這些特徵。接著，讓我們反觀胎兒。胎兒看起來似乎不具備任何一項上述特徵，因此，我們好像有好的理由可以主張：胎兒還不算是人類。

但是，上述這些特徵真的可以清楚畫出人類與非人類的界限嗎？胎兒確實不符合這些特徵，可是我們也可以找到一些不符合這些特徵，而我們確實認為是人類的例子。舉例來說，某些病情嚴重的精神病患可能沒有理性能力、溝通能力以及自我概念；又或者某些植物人，大腦只剩下腦幹具有正常功能。對我們來說，這些人還是人



註❼ 一般而言，「胎兒」意指在母體內成長而尚未出生的生命。大概從母親懷孕九週後，會開始慢慢擁有大腦與四肢，此時被視為胎兒。在此之前，則被視為「胚胎」。

註❽ 最低階的欲望通常不需要經過思考，而是一種生物本能，比方說進食、生存等。高階欲望則是一種對低階欲望的掌控，舉例來說，我們擁有「進食」的低階欲望，但是我們也可能想要「減肥」，而「減肥」是一種高階欲望，這種高階欲望會使我們有能力控制低階欲望。非人類的動物一般來說只能擁有低階欲望，牠們不具有對自己欲望的反思能力。

類，擁有生命權，我們不會認為自己能夠任意剝奪他們的生命。如此一來，上述的理由似乎不夠充分，沒有辦法真正畫出人類與非人類的那條界線。

### ※墮胎等於剝奪胎兒的生命權嗎？

那麼，還有沒有其他理由可以主張墮胎不是錯誤的呢？有的。有一派人士從女性對於自己身體的自主權出發，這一類主張的關鍵，在於墮胎這項行為並沒有剝奪胎兒的生命權。從醫學上來看，胎兒與母親是個別的兩個生命，而母親就像是一台**營養供給器**，提供胎兒必要的養分，讓胎兒可以存活。墮胎並不是殺死胎兒，只是母親將自己與胎兒分離，不再扮演營養供給器的角色。胎兒在離開母體之後死亡，是胎兒自己太過脆弱，無法靠自己生存在世界上，而非母親將之殺害。因此，墮胎並沒有剝奪胎兒的生命權，僅是拒絕提供必要的養分給胎兒罷了。接著，由於任何人對於自己的身體都有完整的自主權，因此，母親當然也有權利拒絕提供自己的身體，給胎兒供應養分。在這樣的描述下，墮胎只是一種「母親行使身體自主權」的行為，而且不涉及「剝奪胎兒的生命」。在這種情況下，墮胎當然沒有犯任何道德上的錯誤。

這樣的說法看起來似乎具有說服力，如果墮胎行為只是母親行使她的身體自主權，而且沒有剝奪胎兒的生命，看起來好像真的沒有犯道德錯誤。但是這樣的說法在現實上真的成立嗎？一般來說，一旦母體內的生命已經成長到「胎兒」階段，能夠墮胎的方式就變得很有限了。從現行的墮胎方式來看，除了「子宮切開術」（註9）之外，其他幾種墮胎方式（註10）都是先讓胎兒死亡之後，才排出體外。因此，如果上述的主張要有道理，母親只能夠使用「子宮切開術」墮胎，其他手術方式皆不可行。但是「子宮切開術」是一種懷孕後期的墮胎方式，胎兒必須成長到一定程度之後才適用（約十六週），這代表母親如果想要墮胎，必須等到胎兒成長到足夠大之後，才不會犯下道德錯誤。但是，這種方式在現實上真的能夠為我們接受嗎？

除了現實考量之外，從理論面來看，我們真的會同意母親有權利拒絕供應胎兒養分嗎？母親如果有權利拒絕供應胎兒養分，那就表示母親沒有義務供應胎兒養分。但是，我們可以想想看，為什麼胎兒會面臨這麼嚴苛的處境（沒有母親供應養分，就會死亡）？答案大概不難猜測，原因在於母親懷孕之後，創造了胎兒的生命，也創造了胎兒必須面對的困境。如果胎兒的困境是母親造成的，一般來說，我們似乎會認為母親應該負起相應的責任，有義務幫助胎兒克服這個困境，就好像我們也會同意父母親有義務撫養自己的小孩。

註❾ 透過剖腹方式將胎兒取出，任其死亡。

註❿ 諸如「擴張刮除術」、「真空刮除術」、「注射鹽水」、「注射前列腺素」這些墮胎方式，都會在胎兒離開體內之前，先使得胎兒死亡。

這一節我們只討論了兩個主張墮胎沒有道德錯誤的論證，當然也還有其他論證，讀者們可以再想想看，是否有其他方式可以說明墮胎沒有道德錯誤呢？

## 問題八　媒體中立性真的很重要嗎？

一直以來，媒體被人們視為在「行政權、立法權、司法權」之外的第四種政治權力，也就是俗稱的「第四權」。在討論媒體扮演的角色之前，我們必須先想一想，為什麼我們需要媒體？我們知道，民主政治的核心價值在於主權是人民所共享，因此，為了能夠充分伸張自己對於政府及政治的權利，我們需要對這個社會有足夠的資訊，而足夠的資訊必須仰賴充分的管道，有了充分的管道，資訊才會足夠透明且公開。因此，作為人民獲得資訊的管道，我們將媒體視為三種政治權利以外的第四權，幫助我們達到獲得足夠資訊的目的。

儘管我們對於媒體的期待具有正面意義，但是在許多地方，媒體似乎時常成為一種負面形象，甚至被人民稱為一種民主社會的「亂象」。舉例來說，台灣狗仔文化盛行，媒體時常被控訴「不尊重公眾人物的隱私」。除此之外，我們也常看到人們指控媒體存在有「特定立場」，在報導新聞時不會秉持客觀中立的態度，反而刻意地偏頗特定一方。又或者，媒體為了獲得獨家新聞，可能會透過一些不正當的手段獲取新聞資訊。這些都是民主社會中人們對媒體的普遍觀感。我們也常聽到媒體以「捍衛民眾知的權利」正當化他們的行為。

## （一）民眾有知的權利

我們當然會同意「民眾有知的權利」，但是這句話顯然不如字面上這麼簡單。「知的權利」意思並不是「知道所有事情的權利」，而是「針對某些特定資訊，我們有知的權利」。當我們做出這樣的區分後，就可以知道媒體的力量勢必有其界限，「知的權利」不會是一個萬能的保命符（讀者們可以想想看，我們可以有哪些「知的權利」）。

關於媒體倫理，能夠探討的議題很多，這裡無法細談，我想將討論重心放在「**媒體中立性**」這個議題上，問題就是：媒體是否必須具有中立性？



大師語錄　資訊可以告訴我們一切問題的答案，但盡是那些我們沒有問的問題。——布希亞

## （二）新聞中立性

一般來說，人們會主張媒體所提供的資訊要有一個必要的區分，也就是區分**新聞與評論**。「新聞」指的是一個特定事件，新聞報導的是這個特定事件相關的「事實」，其中不應該摻入任何主觀的意見。「評論」則是對新聞或者事件的「觀點」，既然是某種觀點，就代表評論可以是主觀的，可以含有個人特定的價值觀。當我們討論「媒體中立性」時，我們真正想討論的是「**新聞中立性**」。

新聞要具備中立性，這樣的想法聽起來好像十分合理，很容易讓大家接受。但是，一則新聞報導真的有可能做到「中立」嗎？首先，從現實層面考量，完全中立的新聞似乎會喪失可讀性。「**可讀性**」的概念還沒有一個精確的定義，但我們大概可以理解成「**有趣的程度**」。愈是客觀中立的報導，愈是失去趣味性，我們可以從政論節目的收視率通常高於純新聞節目這一點觀察到這個現象。這裡看起來好像變得有點弔詭，人們要求新聞中立，可是一旦新聞中立之後，人們好像又失去了興趣。

接著，一個更哲學性的問題是：新聞是否可能被中立地報導？我們知道，描述一個事件的方式通常有很多種，而且，在描述事件時，我們勢必要採取某種角度（就算完全沒有旁白而只有新聞畫面，也無法避免角度的採取，因為不同的新聞畫面可能會強調此事件的不同面向）。但是，我們怎麼決定哪種角度才是「中立」的角度呢？有沒有可能在我們採取某種角度以後，便失去中立了呢？換句話說，如果採取角度是描述事件的必要條件，那麼在概念上，我們似乎無法真正中立地描述一個事件。如果我們不可能真正中立描述一個事件，我們要怎麼要求新聞工作者中立地報導新聞呢？

因此，有些人認為「中立性」不是新聞報導的必要條件，真正必要的條件應該是「**多元性**」。我們不需要刻意去要求新聞報導保持中立，因為那樣做不但不可能，也不是最重要。我們真正該做的是維持新聞的多元性，讓各種觀點與各種聲音能夠被觀眾看見、聽見，然後觀眾們可以透過自己的判斷能力，選擇自己所要相信的事情。要注意的是，這樣的主張並不蘊含我們可以認同新聞報導不實，因為「刻意報導錯誤的訊息」與「採取某種觀點報導訊息」是兩件不同的事，我們可以容忍後者，但是反對前者。因此，不要求新聞中立性，不代表新聞報導可以欺騙觀眾。

## （三）特定立場之必要

甚至，有些人認為新聞媒體反而應該抱持特定的立場，這個特定立場就是「站




大師語錄　中立性站在擁有最大軍火庫的那一方。——希鈞斯

在監督政府的立場」。為什麼這麼說？首先，新聞媒體最核心的價值是落實「主權在民」的概念，而落實這個概念的目的，就在於我們要替民眾謀福利，看顧好人民的財產與權利。為了達到這個目標，媒體應該當一個永遠的反對者，總是站在百姓的立場來監督政府。不管誰執政，媒體都必須與執政者保持距離。在這種情況下，百姓才能夠最大化地掌握自己的權利，媒體也才能夠真正作為抗衡政府的第四權。

上述的說法真的能夠說服你嗎？如果上述的說法成立，似乎代表著我們不允許政府擁有自己的媒體，宣傳政府自己的想法。這樣的主張是否背離了媒體應該具有多元性的觀點呢？還是說，多元性應該排除掉政府這一塊？我就把討論停在這邊，交由讀者們自行思考這些問題。

## 問題九　有不違背道德的戰爭嗎？

不管在哪個時代，「戰爭」時常是令民眾感到不安的名詞，其對社會帶來的影響既劇烈且長遠。因此，除非不得已，否則戰爭一般來說都是國與國之間在解決衝突時的最後手段（為了簡化討論，我們先不討論國家的內部戰爭）。

## （一）三種立場

這一節我們要討論的主題是戰爭的道德問題。一般來說，討論戰爭的道德問題時，我們可能有三種立場，第一種立場主張「**所有的戰爭都會違背道德要求**」；第二種主張認為「**所有的戰爭都不違背道德要求**」；第三種則採取中間立場，主張「**有的戰爭不會違背道德要求**」。先讓我們來看看這三種立場個別是如何說明。

### ☼所有的戰爭都會違背道德要求

首先，針對第一種立場，一個可能的說明方式是：由於國家最重要的成員是人民，因此，國家應該把人民的意志放在最優先考量的層級。接著，不管是哪個國家，對於人民來說，群體生活最重要的目標就是**穩定的生活**，但戰爭必定會破壞穩定的生活。如此一來，戰爭不但會違背人民的意願，也會造成人民的痛苦。因此，不管是哪種戰爭，都會違背道德要求。

上述這種說法從國家扮演的角色開始，接著認為「戰爭」不是人民期望國家做





大師語錄　一切利己的生活都是非理性的，是動物的生活。——托爾斯泰

的事情，因為群體生活的目的事實上就是為了避免戰爭，所以主張國家發動戰爭是一種違背道德要求的行為。這樣的說法有個最關鍵的預設，在於「群體生活的目的是為了避免戰爭」，但這個預設總是能夠成立嗎？我們知道，對於許多游牧民族來說，他們群體生活的目的有時候正是為了戰爭，與其他民族戰鬥，以此獲得資源，才有辦法確保他們的生活安穩。在這種情況下，我們似乎不會視這種戰爭為不道德的行為，因為他們之所以發動戰爭，只是為了能夠生存。

## ☼所有的戰爭都不違背道德要求

第二種立場認為所有戰爭都不會違背道德要求。怎麼說呢？因為戰爭的目標是為了**利益**，而國家本來就應該幫人民謀求福利，因此國家與國家之間沒有所謂的道德問題，只有利益問題。一旦戰爭能夠獲得利益，國家就可以發動戰爭。這種觀點最早可以追溯到霍布斯的政治哲學立場，以霍布斯的觀點來看，國家之間處於自然狀態，自然狀態中的個體可以為了「生存」而不擇手段，因此，在自然狀態中沒有所謂「不正義」的行為。既然沒有不正義的行為，發動戰爭當然就不會違背道德要求。

然而，我們真的可以認同國家之間只要是為了利益，就可以發動戰爭嗎？有沒有可能發動戰爭反而無法獲得利益，而真正能夠獲得利益的反而是互相合作呢？我們都知道戰爭的代價十分巨大，尤其現代武器的威力不是早期可堪比擬，任何一場戰爭的後果都可以造成永久的損害。如此一來，戰爭似乎未必能夠達到預期的目標。再者，一旦以利益作為戰爭合理性的優先考量，各個國家彼此將會失去信賴，造成國與國之間緊張關係升高，人民永遠會處於緊繃狀態。在這種情況下，發動戰爭或許才是對國家最不利的一種選項。

## ❂有的戰爭不會違背道德要求

這麼一來，我們或許會同意第三種立場，認為有些戰爭符合道德要求。假設我們接受第三種立場，第一個要問的問題就是：什麼才是符合道德要求的戰爭？換句話說，要滿足哪些條件，我們才會認為這場戰爭符合道德要求？一般來說，這類立場的支持者認為，確實有幾個條件必須被滿足。

第一個條件是**發動戰爭的國家必須是合法的政權**。合法政權通常有幾個條件：首先，這個政權必須受到國際社會的認可；接著，要能夠尊重其他合法政權的權利；最後，要尊重國民的基本人權。



大師語錄　精神勝過武力。——拿破崙

第二個條件是發動戰爭的國家必須基於正當理由。舉例來說，戰爭是為了反抗他國的侵略，或者是人道的武裝救援行動。

第三個條件是戰爭得是最後的手段。如果有和平解決衝突的方式，就不可以選擇戰爭。上述這些是最主要的理由，當然我們還可以設定其他比較細節的理由，比方戰爭必須有打勝的機會，否則只是一種自尋死路的行為。還有，攻擊的對象必須是戰鬥人員，不能以百姓為目標等等。

## （二）恐怖主義真的不道德？

符合道德的戰爭條件看起來是嚴苛的，在現實世界中，這樣的戰爭是否真的能夠存在？我們知道，自從九一一事件後，美國就曾打著正義的口號，發動不少次的戰爭。美國攻打阿富汗的口號是為了打擊恐怖主義，發動伊拉克戰爭的原因是避免他們研發核子武器。後者可能還有些疑慮，但前者對許多人來說（尤其對美國人來說），確實是符合正義的一場戰爭，畢竟恐怖攻擊的對象向來都是普通老百姓，而攻擊無辜老百姓被認為是一種不道德的行為。

但是，恐怖主義在道德上是否必定是錯誤的呢？曾經有恐怖主義者這麼認為：

他們之所以發動恐怖攻擊，也是一種最後手段，因為他們認為自己的文化受到他國強勢的侵略，但他們沒有能力發動國家級的戰爭，因為武力相差太過懸殊，戰爭沒有任何勝算。如此一來，他們只能訴諸恐怖攻擊，以讓對方知道自己的立場與態度。再者，為什麼他們要以百姓為恐怖攻擊的對象呢？第一個理由在於以他們的武力，攻擊對方的武裝人員是十分沒有效果的行為，無法達成「威嚇對方」這個目標。其次，他們認為百姓也並非完全無辜，當這些百姓眼睜睜地看著他們的國家對弱勢國家展開文化侵略，或者政治操作，而沒有任何作為去反對這種不正當的行為時，這些百姓也成為了共犯。因此，對他們來說，恐怖攻擊並不是一種不道德的手段，而是他們為了自己的國家，所能採取的唯一手段。

這樣的說法是否能夠合理化恐怖主義呢？還是說，我們應該主張攻擊普通百姓在道德上永遠都是錯誤的？如果是的話，我們必須有足夠好的理由，反駁那些視恐怖攻擊為最後手段的人，並且告訴他們，這並非最後的手段，而是一種絕對不能採取的手段。但是，如果恐怖主義是種絕對不能採取的手段，那麼對於身處武力上絕對弱勢的國家來說，他們還可以怎麼避免侵略？這些都是我們在討論戰爭的道德問題時，必須一同設想的問題。最後，看了這一節的簡短討論，讀者們也可以想想看，針對這些





大師語錄　只有死者才能看到戰爭的終結。——柏拉圖

問題，你認為答案應該是什麼？

## 問題十 我所存在的世界是真實的嗎？

我所存在的世界是真實的嗎？這個問題看起來好像很奇怪，我們一般會認為這個世界當然是真實存在的！地球是太陽系中的一顆星球，我住在台灣，我早上剛喝過豆漿、吃過燒餅，太陽每天都會東升西落，今天晚上甚至還有職棒的總冠軍賽呢。這些生活中的事物當然都是真實的，怎麼會是假的呢？確實，對我們來說，這些透過我們各種感官獲得的經驗與感受，好像都在告訴我們這些事物的真實性。但是，這些經驗真的可以證明世界是真實的嗎？當我們說這些東西是假的，又是什麼意思？

### （一）《駭客任務》的虛擬世界

相信大家對於電影《駭客任務》（*Matrix*）應該不會太陌生，這部電影正是要告訴我們，我們習以為常的真實世界，似乎不再是那麼真實了。男主角尼歐（Neo）原本只是一個平凡上班族（外加電腦駭客），直到有天碰見莫菲斯（Morpheus）之後，他的世界觀有了劇烈的變動。莫菲斯告訴尼歐，他所處的這個世界是個虛擬的世界，是被機器人透過電子儀器所創造出來的數位世界。這些機器人將人類放在一台類似培養皿的機器裡，然後用電線連結人類的大腦神經，透過一連串電流刺激大腦，讓人們產生出一個虛擬的世界觀。由於大腦被電流刺激後，所產生的虛擬經驗與真實經驗沒有任何差別，因此在這個世界觀中的人們並不知道自己被機器所豢養，也完全沒有察覺到這一切都是假的。

或許有人認為，這只是科幻電影的劇情而已，現實生活中不可能會有這種事情發生，所以我們根本不必擔心這個問題，我們一定不會像電影描述的那樣被機器人操控，生活在一個虛擬的世界中。上述說法可能是對的，但是，我們要如何「證明」我們不是生活在一個虛擬的世界呢？

## （二）如何證明我們不在虛擬世界？

早從笛卡兒開始，這種懷疑世界真實性的想法，就一直是許多哲學家討論的對象。笛卡兒透過「**夢**」及「**惡魔**」說明上述這種情況的可能性。我們大概都有這樣的



大師語錄　神祕的不是世界如何存在，而是它竟然存在。——維根斯坦

經驗，當我們在作夢時，我們時常無法區分到底是在夢中的世界，還是在真實世界。又或者，當我們以為身處於真實世界時，其實是一個神通廣大的惡魔在欺騙我們，讓我們誤以為我們所面對的世界是真實的。這一類想法在哲學上被稱為「**懷疑論**」（Skepticism）。東方當然也有類似的想法產生，比如在道家經典《莊子》的〈齊物論〉中，莊子透過「莊周夢蝶」這個故事，說明夢境與現實世界之間有難以區分的模糊地帶。

### 桶中腦

到了現在，懷疑論當然也有比較現代的版本，也就是著名的「**桶中腦**」（Brains in vats）論證。這個論證由一個思想實驗開始，試想類似於《駭客任務》的劇情，我們每個人都只是一顆放在桶子裡的大腦，瘋狂科學家透過各種電線刺激大腦，因此產生所有我們感受到的經驗。舉凡我吃到的食物、看到的風景、聞到的味道、聽到的聲音等，全都是電流刺激大腦後帶給我的虛擬經驗。最重要的是，這些虛擬經驗跟真實經驗完全一樣。現在問題來了，在這種情況下，我們有什麼好理由可以主張我們不是放在桶中的大腦呢？

我們大概不能夠透過感官經驗證明這件事，為什麼呢？如果說我們的經驗有可能是虛擬的，而我們又沒法區分虛擬經驗與真實經驗（因為兩者帶給我們的感受一模一樣），那麼我們就沒有辦法用經驗證明世界的真實性。麻煩的是，人類對於外在事物的認識，似乎只能透過各種感官經驗。換句話說，如果感官經驗變得不再可靠，那麼，我們還有可能有其他方法，可以證明我們不是桶中腦嗎？

## 帕特南的論證

哲學家**帕特南**（Hilary Putnam）認為，我們還是有辦法證明我們不是桶中腦。在討論帕特南的論證之前，讓我們先來整理一下「桶中腦論證」：

〈桶中腦論證〉

**1** 我有可能是桶中腦。（前提一）

**2** 如果我能判斷我是桶中腦，我就能判斷外在世界是假的。（根據事實）

**3** 如果我不能判斷我不是桶中腦，我就不能判斷外在世界是真的。（根據事實）





大師語錄　我們反抗，所以我們存在。——卡繆

4 如果我是桶中腦，我透過電流接收到的虛擬經驗與真實經驗是一樣的。（根據假設）

5 我沒辦法透過經驗區分我是不是桶中腦。（根據4）

6 除了感官經驗，我沒有其他方法判斷我是不是桶中腦。（前提二）

7 如果我沒辦法判斷我是不是桶中腦，我就沒辦法判斷外在世界是不是真的。（根據2、3）

8 我沒辦法區分外在世界是不是真的。（根據5、6、7）

9 我不知道外在世界是不是真的。（根據7）

根據這個論證，我們得出的結論是：我們不知道外在世界是否為真。這個論證看起來是有效論證，意思是說，如果這個論證的前提都是真的，這個論證的結論就會是真的。

這個論證的前提都是真的嗎？帕特南的答案是否定的，他認為前提一是假的。帕特南對於「前提一是假的」這個主張給出一個頗複雜的論證，在這裡我將只以精簡的方式說明，對相關內容有興趣的讀者，可以自行上網搜索。

帕特南認為前提一是假的，我們不可能是桶中腦。為什麼呢？他認為，當我們在使用語言或思考時，我們的語言及思想必須真的指涉到某些東西，並且與這些東西建立某種因果對應關係，此時我們才能說是真正地在「使用」語言，或真正地在「思考」。舉例來說，當我看到一張桌子在我面前，我說（或者想）有「一張桌子在我面前」，這時我的語言與思想指涉到了某個東西（我面前的桌子），而且這張桌子與我的語言（或思想）透過因果關係而有了連結（因為我看到了這張桌子，所以我這樣說或者這樣想）。為什麼建立連結這麼重要？讓我們設想一下，假設有隻小貓走過我的筆電，腳踩上鍵盤，正好使我的電腦螢幕出現「我愛台灣」四個字，我們不會真的認為這隻小貓是在「使用」語言或思想表達牠愛台灣吧，因為這四個字所代表的意思，跟這四個字本身沒有因果連結，因此，不會真的讓我們覺得這四個字「意有所指」。

帕特南認為，如果我們無法在兩者間建立因果關係，我們就不是真正成功地使用語言（或思想）來指涉某個事物。讓我們回到桶中腦的例子，假使我們是桶中腦，當我們說（或者想）我們是桶中腦時，我們所使用的語言與思想無法跟真正的「桶子」或「腦」建立因果關係，為什麼呢？因為假如我們真的是桶中腦，我們的語言與思想就只是一連串的電流，而不是真正的「意有所指」。如此一來，我們就沒有真正




大師語錄　人類註定要受自由之苦。——沙特

地在使用語言或思考。換句話說，如果我們真的是桶中腦，我們就不可能真正地談論或思考我們是桶中腦，因為我們的語言與思想無法指涉到我們真正想要談的東西。

看完這個簡短的說明之後，你認為帕特南的想法有道理嗎？他真的解答了我們對於桶中腦的困惑嗎？還是說，他其實沒有真正解答，只是把問題給取消了？不論如何，懷疑論在目前依然被許多哲學家所接受。因此，如果懷疑論無法說服你，就想辦法找個論證擊敗它吧！

## 問題十 惡法算是法律嗎？

我相信，對於一個曾經反思過法律本質的人來說，大概都有類似的困惑：有時候，當我們面臨或者聽聞某些法條的內容時，我們會覺得這個法律本身好像是邪惡的，比方說：納粹法。如果這個法律本身是邪惡的，我們還能夠視其為法律嗎？還是說，那就不算是法律了呢？要回答這個問題，我們必須將目標轉為更根本的問題，也就是「**法律的本質**」。法律的本質是什麼？當我們回答這個問題後，我們才可以開始來看看，惡法到底算不算是法律。

## （一）描述性的宣稱、規範性的宣稱

在開始我們的討論之前，我要先做一些區分。在哲學上，我們談論事物時會區分「**描述性的宣稱**」以及「**規範性的宣稱**」。描述性的宣稱指的是我們對於一個事物的描述，或者我們對於這世界某些事實的描述，描述時不涉及任何價值判斷。舉例來說，當我說「桌上有一顆蘋果」時，我只是在描述一項事件；又或者我說「老師說明天要交作業」時，我只是在描述老師說過這句話。

規範性的宣稱不同於前者，它同時具有規範力。當我們做出這一類宣稱時，不是在描述世界的狀態或事實，而是在宣稱某些東西應該被實踐。舉例來說，當我說「小明不應該欺騙別人」時，不管小明是否欺騙了他人，小明都不應該欺騙別人。換句話說，規範性的宣稱與世界的狀態沒有必然的關聯。

## （二）法律的本質

做出這樣的區分之後，我們可以開始進一步談論法律的本質。當我們要討論法





大師語錄　我們是法律的僕人，以便我們可以獲得自由。——西塞羅

律的本質時，我們在做的是一種描述性的宣稱；也就是說，我們討論的是法律在這個世界上，是怎麼樣的一種狀態。

先讓我們從最基本的地方談起，我們大概都同意，法律是透過許多規則所共同展現的一個東西。但是，我們大概也都同意，只有規則還不足以成為法律。舉例來說，黑社會的幫派中也會有許多規則，但是很顯然地，我們不會認為那些規則是法律。那麼，到底法律規則與黑社會規則之間的差異是什麼？關於這個問題，在法律哲學上有兩大陣營，一個被稱為「**自然法論**」（natural law theory），另外一個被稱為「**法實證論**」（legal positivism）。

## ✲自然法論

對於自然法論者來說，黑社會規則與法律規則之間最大的差異，在於規則是否具有**道德基礎**。對自然法論者來說，法律本身必定跟道德有某種程度的連結。與道德有連結的意思是指，一條規則要成為法律，要嘛是被某些道德原則所支持，要嘛就是能夠實現某種道德目的。換句話說，自然法論者認為法律必定以道德為基礎；一條規則如果不正義、違背道德規則，就不能算是法律。

## ☼ 法實證論

法實證論者對於法律本質的看法則不同，他們認為法律規則與黑社會規則的最大差異，在於黑社會規則只有**一階規則**，但法律規則本身除了有一階規則之外，還存在有**二階規則**。什麼是一階規則、二階規則？我們可以這樣理解，一階規則規定的對象是「人」，限制了人們可以做與不能做的事。二階規則規定的對象是「一階規則」，說明了我們應該怎樣制定一階規則。舉例來說，在法律系統中，程序法就是一種用來說明某些法律應該怎樣被制定的法律。

顯然，黑社會規則不存在有二階規則，一切都是老大說了算，老大制定規則時，不需要受到二階規則的束縛。但是一般的法律不同，一般法律在制定時必須受到二階規則的束縛。舉例來說，憲法也可以被視為二階規則，在憲法條文中規定，我們制定的法律不能夠侵犯基本人權，這是一種對於法律制定的限制。

對於法實證論者來說，某些法律雖然以道德為基礎，但這不是法律的必要條件。因此，就算有些規則不是以道德為基礎，也無法滿足某些道德目的，只要這些規則是透過人們認可的制度所建立出來，這些規則也可以被稱為法律。換句話說，自然



大師語錄　自然賦予人類對於幸福的欲望與對於不幸的憎惡。——洛克

法論者認為法律必定蘊含道德，法實證論者則反對這樣的觀點。對於法實證論者來說，人們普遍認同的規則，就足以被視為法律。

### （三）惡法算不算是法律？

接著，我們可以來回答一開始的問題了。惡法算不算是法律？如果說這裡的「惡法」指的是不正義、違背道德且沒有道德目的的法律，那麼對於自然法論者來說，惡法當然不能被視為法律，因為惡法沒有滿足法律的必要條件。但是，對於實證論者來說呢？那就不一定了。假設這條被認為是惡法的規則，乃是透過社群中人們所接受的二階規則所制定出來，這樣的惡法依然有可能算是法律。

或許有人會對法實證論有這樣的疑慮：如果惡法依然算是法律，不就代表我們要去遵守這條法律嗎？這樣的疑慮是可以理解的，不過，到目前為止我們還不用擔心這個問題。就如先前所說的，我們談論的是法律的本質，這是一種描述性的宣稱。因此，當我們認同一組規則是法律時，並不代表我們就「應該」遵守這組規則，因為我們是否應該遵守法律是規範性的問題，而非描述性的問題。

因此，儘管法實證論者可能會主張惡法算是法律，這並不會蘊含我們應該遵守惡法。事實上，多數的法實證論者並不主張我們有守法的普遍義務（註11），他們不會僅因為一組規則是法律，就因此主張我們應該遵守這組規則。

上述這兩種立場，在法律哲學中有許多的論述，甚至可以說是法律哲學領域中最經典也最廣泛的爭論。如果讀者對這部分有興趣，不妨上網查詢一下相關資料吧。最後我想要問一個問題：這兩種立場本身可能遭遇哪些困難呢？



註⓫ 守法的普遍義務是指，身為「法律」這個事實，本身就給予我們理由去遵守它。換句話說，主張我們有守法的普遍義務的人，會認為只要是法律，就有義務遵守。

## 3分鐘重點回顧

❶ 一般來說，哲學最大的貢獻不在於解決問題，而在於分析問題，以及提供可能的思考方向。

❷ 動物權時常被人們用來要求我們應該茹素，但「動物權」本身是個非常模糊的概念，其適用範圍與權利內容，還需要大量的說明與釐清。其中一個關鍵部分，在於我們要怎麼去說明人類與動物之間的權利與義務關係。

❸ 支持死刑存在最普遍的兩種立場，分別是應報論與後果論。前者認為死刑是某些罪犯應該接受的懲罰，只有這種懲罰才能夠讓正義實現；後者則是以死刑的嚇阻力作為支持死刑的原因。

❹ 在死刑議題中，最關鍵的問題在於釐清「死刑」本身是否能夠是懲罰的其中一個選項。因為對許多人來說，懲罰的手段還是有其限制。

❺ 公眾人物感情出軌是否該向大眾道歉，其關鍵在於出軌行為是否破壞了公眾人物所應扮演的角色，以及公眾人物是否透過這樣的角色獲得利益。

❻自殺有沒有犯下道德錯誤？有些人認為在某些情況下，自殺不會影響任何人，因此不會犯下道德錯誤。這種採取後果論的觀點是把雙面刃，因為反對者也許可以透過後果論的觀點，說明自殺確實會影響到他人。

❼墮胎的道德問題，通常是從胎兒的生命權出發。支持墮胎行為是道德錯誤的人，主張墮胎違背了胎兒的生命權。反對者的策略可以從反對胎兒擁有生命權出發，也可以從墮胎沒有違背胎兒的生命權出發。

❽對許多人來說，「中立性」是媒體應該謹守的一個必要條件。但是，如果我們在描述事件時無可避免地必須採取某種角度，「中立性」似乎就變成一種不可能達到的條件。或許，媒體更重要的價值在於「多元性」。讓更多元的聲音能夠被聽見，才是媒體最應該保有的美德。

❾對於戰爭的道德態度，可能有三種立場：所有戰爭都違背道德要求、所有戰爭都不違背道德要求、有的戰爭不違背道德要求。

❿恐怖攻擊時常被視為一種不道德的攻擊行為，因為其目標通常是非戰鬥人員。但是，如果恐怖攻擊是武力弱勢國家最後能夠採取的手段，我們還能如此理所當然地斥責他們嗎？

⓫ 根據桶中腦論證，我們好像沒有辦法證明我們的感官經驗都是真的。如此一來，我們好像就得說我們不知道外在世界是否真實存在了。

⓬ 帕特南對於桶中腦論證的反駁，建立在語言與語言指涉對象之間的關係上。如果語言與其指涉對象沒有建立適當的因果關係，那麼我們沒有成功地使用語言。

⓭ 對於「法律的本質」這個問題，哲學上有兩大陣營：自然法論與法實證論。

⓮ 自然法論者認為，法律必定要以道德為基礎；法實證論者反對這樣的觀點，認為法律可以與道德無關，人們普遍認同的規則也可以成為法律。

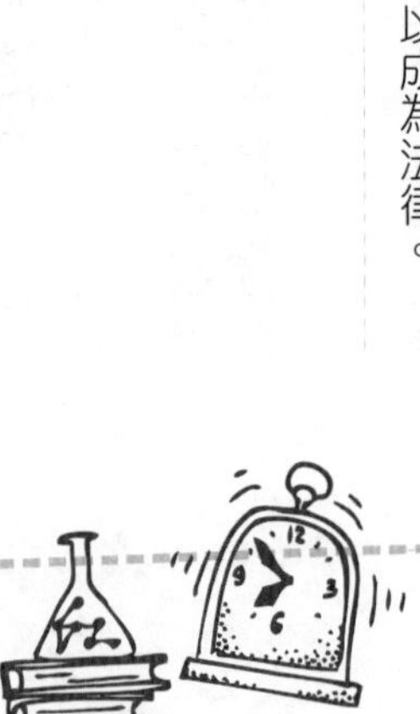

Day 06 Weekend

週末

# 放下書，實踐哲學

-Practice-

今天，我簡單整理了幾個哲學家們最常使用的哲學思考工具。正所謂「工欲善其事，必先利其器」，擁有了這些哲學思考的基本工具之後，我們才能夠更有效率地在生活中實踐哲學。

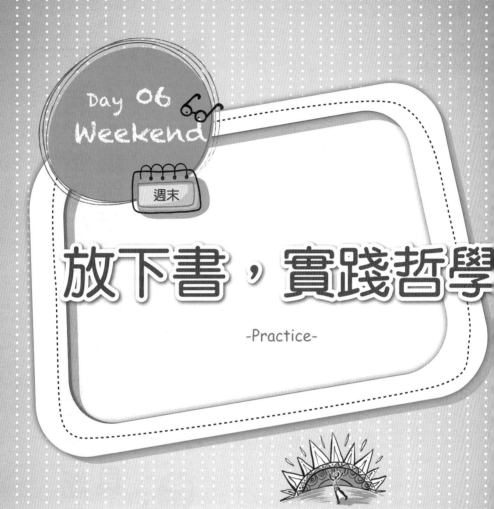

# 有了哲學知識，還需要哲學能力？
## ——鍛鍊哲學思考的五大工具

前面幾天，我們介紹了許多哲學知識，這些知識包括了簡要的西洋哲學史、名號響亮的哲學家與相關哲學主張、哲學領域的幾個基本區分方式，以及當我們的生活面臨種種困難問題時，哲學的引入可以如何幫助我們思考這些問題。

但是，這本書的目的除了讓讀者能夠認識哲學之外，還希望讀者在日常生活中實踐哲學。而要實踐哲學，只有哲學知識是不夠的，我們還需要**哲學能力**。我們可以把哲學能力想像成一種工具，一種幫助我們思考問題、討論問題、回答問題的工具。

因此，要能夠放下書本出外實踐所學，習得**哲學思考的基本工具**是必備的哲學能力。

## 工具一　透過詢問來確認問題

我們大概都會同意，當我們在與其他人討論問題時，「聆聽」是一項很重要的能力。畢竟我們彼此之間在做的事叫作「討論」，討論需要了解對方的想法，而安靜的聆聽可以讓我們專注在對方的想法上。

但是，很多時候只有聆聽是不夠的，為什麼呢？事實上，對於兩個不同的個體來說，在語言的掌握上勢必有某種程度的差異。因此，儘管是同一個詞、同一個語句，對雙方來說很有可能產生不同的理解。比如說，假使我們要求雙方在一張紙上同時定義某一個特定的字詞，可以想見這兩人給的定義大概不會一模一樣。在這種情況下，如果只有聆聽，很容易會因為雙方對於語意理解的不同，造成討論上的困難。因此，在從事哲學討論時，「詢問」的使用是一項必備的技能，尤其是針對那些討論中的關鍵字，雙方更必須能夠精準地了解對方的意思。在這種情況下，討論才有可能進



大師語錄　真理就是具有這樣的力量，你愈是想要攻擊它，你的攻擊就愈加充實和證明了它。——伽利略

行下去。

詢問的目的，除了是讓雙方能夠在相同的語言下（對於某些意義模糊的字詞擁有類似的理解）溝通，還有另一個很重要的目的，就是「**確定問題**」。很多時候，當我們問出一個問題時，這個問題常有很多種詮釋方式。如果雙方在討論這個問題時，對於此問題沒有同樣的理解，討論就沒有辦法產生交鋒。

舉例來說，假設在某次的討論中，雙方討論的問題是：階級的差異是否應該存在於社會？甲說：「當然應該存在啊，一群人住在社會上，本來就要能夠分工合作，階級的畫分就是為了讓人們分工，做好自己應該做的事情啊。」相反地，乙在聽了以後，十分不服氣地說：「怎麼可以呢？人應該是生而平等的啊！怎麼可以有階級之分？沒有一個人可以比另外一個人更高階級的啦！」如果我們仔細聽兩人的對話，可以發現兩人討論的可能不是同一個問題，也因此，兩人的對話可能沒有任何交鋒。

這個例子的關鍵在甲與乙對於「階級」有不一樣的理解。對甲來說，階級可能僅是指一種專業上的分工，社會上總是需要有人出資、有人出力。而在有人出力的部分，又可以區分成有人出腦力、有人出勞力。在這種分工的情況下，階級自然而然便會產生。人與人之間有這樣的分工模式之後，社會才可以正常、有效率地運作。這種分工不涉及人的價值，只是一種專業上的分工。
但是對乙來說，區分階級顯然是一種對人身價值的區分，就像古印度教那樣，將人分為祭司、貴族、平民與奴隸。這種將人做出價值上的區分，違背了我們對於人生而平等的主流價值觀，不應該存在於社會中。
姑且先不論兩人說的話有沒有道理，從這個例子中，我們可以看出「確認問題」的重要性。一旦對問題有不同的理解，接下來的討論都沒有太大的意義。因此，一個問題出來之後，首先要做的事情，就是透過「詢問」確認這個問題到底想要「問什麼」。一旦確認了問題之後，雙方才可以開始進一步地討論問題。
「確認問題」還有一個很大的優點，很多時候，在雙方將問題的意思確定下來之後，整個問題的答案因此也變得清晰了。讓我們來思考一個著名的哲學問題：假設在一個杳無人煙的樹林裡，一棵樹被雷劈中而倒下了，那麼，這棵樹倒下時是否發出了聲音呢？
這個問題看來似乎有點困擾人，說有發出聲音嘛，好像又沒有辦法證明（畢竟杳無人煙）；說沒有發出聲音嘛，好像又不符合我們的常識。但是，如果我們把「發出聲音」這個詞做更多的說明，比方說，發出聲音的意思就是被某個人聽見。那麼，



大師語錄　愈是接近真理，愈加發現真理的迷人。——拉梅特里

我們顯然可以說，在這個例子中，這棵樹倒下沒有發出聲音。如果我們把「發出聲音」解釋為造成空氣某種頻率的震動。那麼，根據物理定律，我們可以很確切地主張，這棵樹倒下時發出了聲音。

你看！確認問題的意思之後，答案是不是輕易地就呼之欲出了呢？有些哲學家認為，我們之所以有許多的哲學問題，其實只是我們對於這些問題中所涉及的語詞的意義不夠清楚罷了。換句話說，一旦我們能夠掌握所有語詞的意義，哲學問題就不存在了。不管這一派的哲學家是不是對的，至少從這種想法中，我們可以知道「確認問題」在討論中的重要性。

## 工具二 類比法的善用

人類是一種善於譬喻的動物，很多時候語言有其侷限性，當哲學家沒有辦法適當地透過語言說明自己的想法時，類比與譬喻就變成一種很好的工具。對哲學家來說，類比法無疑是一種十分好用的工具，當他們的想法過於抽象，以致人們難以理解時，使用類比法通常是一種最有效果的選項，可以讓人們在很短時間內，透過其他更具體的東西，理解哲學家想要表達的意思。有些時候，一個適當類比的說服力，甚至強過哲學家絞盡腦汁所建構出來的論證。舉例來說，在中世紀時期，許多哲學家試圖透過論證來證明上帝存在，我們也在先前的章節提到不少相關的論證（非類比論證），這些論證當然都有某種程度的說服力，但是比起使用類比法論證上帝的方式，說服力又如何呢？

現在，讓我們考慮一種關於上帝存在的類比論證。這個論證是由英國哲學家**威廉．佩利**（William Paley, 1743-1805）所提出的類比論證：如果你今天在海邊散步，發現一只造工精細的手錶掉在沙灘上，你肯定不會認為這只造工精細的手錶是海浪與沙子、小石子等原料，透過某種巧合（海浪的拍打與撞擊）而創造出來的物體；反之，你會認為這只手錶一定是某種有意圖的設計，必定是某個錶匠精心製造出來。同理，在我們所生存的世界上，從科學研究可以發現，這個世界就像一台精密的儀器，遵守著某種規律在不停地運作。這個完美遵守某種物理法則的世界，絕對不會是一種巧合，背後肯定有個設計者設計出這一切，而這個設計者必定就是上帝，因此上帝必定存在。



大師語錄 讀書不是為了雄辯和駁斥，也不是為了輕信和盲從，而是為了思考和權衡。——培根類比論證比起一般的演繹論證，差別在於演繹論證是透過邏輯所做出的證明，因此，要使用演繹論證說服他人，此人至少要有某種程度的邏輯推理能力，否則只是對牛彈琴。但是類比論證不一樣，它不必要求人們有某種程度的邏輯推理能力。如前所述，人類是種善於使用譬喻的動物，因此，類比論證對他人邏輯能力的要求算是小得多了。

類比法雖然有時候可以用來支持我們的主張，但很多時候，類比法的運用並沒有這麼強的效果，只能夠用來讓他人更輕易地「理解」我們的主張。這裡的效果僅只有「理解」，而非「證明」。這種運用類比法的方式，我們可以透過著名的「**桶中腦論證**」(註1)來說明。「桶中腦論證」是一種支持懷疑論的類比論證，根據懷疑論，我們所身處的外在世界有可能是虛幻的，不是真實的，因為我們有可能受到欺騙。光是這樣說明，聽起來實在很抽象，「我們有可能受到欺騙」是什麼意思？為了能夠讓人們更清楚「懷疑論」到底在說什麼，哲學家帕特南透過「桶中腦」做類比。身為桶中腦，我們所擁有的感官經驗都不是真實的，而是被刻意輸入的。有了這樣的圖像之後，我們似乎可以更輕易地理解「懷疑論」這個哲學理論的想法了。此外，用「桶中腦」做類比，只能讓我們了解懷疑論的主張，尚不足以作為一個證明「懷疑論」為真的類比論證（註2）。

類比雖然是個好用的工具，但也是個我們必須小心使用的工具。類比法的主要目標就是擷取出我們想要說明的抽象例子的特性，然後將這些特性類比到其他比較具體的例子上，以此將抽象事物具體化。因此，要能夠成功使用類比法，我們必須精確擷取出需要保留的特性。如果有些必要特性沒有被保留下來，從而使得類比的例子與原來的例子在架構上有出入，很可能會造成錯誤的類比，無法達成一開始的目的。

## 工具三　歸謬法的善用

如果類比法是一種用來**支持**某個主張的方法，歸謬法就是一種用來**反駁**某個主張的方法。歸謬法在人類社會中，除了哲學家時常使用之外，數學家也經常在做證明時使用（註3）。我們可以這樣理解「歸謬法」的意思：我們先假設一開始的論點是成立的，但是基於這個論點的成立，我們可以因此推論出不合理的後果。如此一來，為了避免這種不合理的後果，我們只好反對一開始的假設，也就是改為主張一開始的論



註❶ 週五〈用哲學看世界〉的「我所存在的世界是真實的嗎？」一節中曾提及這個論證，這裡不再贅述。
註❷「桶中腦論證」最多只能說懷疑論「有可能」是真的。
註❸ 在數學上，歸謬法通常被稱為「反證法」。

點不成立。

在哲學討論上，歸謬法是一個十分常見且具殺傷力的方法，我們可以在很多的哲學討論中發現其蹤影。舉例來說，在規範倫理學領域中，當我們在討論哪些行為是道德上對的行為時，「效益主義」一直是具有深遠影響力的主張。效益主義者認為道德上對的行為，就是能夠帶來最大效益的行為。這樣的說法確實具有一定程度的說服力，比如說，當我們設想一棟大樓裡關著一百名人質，歹徒從中挑選出一名人質，並且跟他說：「只要你願意犧牲自己，我就放了剩下的人；否則，全部人都得死（包括此人）。」在這種情況下，假設我們只有兩個選項：一是所有人都死亡，二是此人被犧牲。根據效益主義，道德上對的行為是犧牲此人，換取他人的性命，這樣的想法看起來也比較符合我們的直覺（許多電影都有這種犧牲少數換取多數的片段）。

這樣的想法對許多人來說有其道理，但是，有些人則透過「歸謬法」來論證，假設效益主義是正確的，會產生我們無法接受且不道德的後果。怎麼說呢？讓我們設想另外一個例子，在一個社會上存在有一名殺手，姑且稱他為傑克。傑克在一個月內殺了許多人，因為傑出的身手，他一直都沒有被政府逮捕。既然傑克沒有被逮捕，社會上當然人人恐慌，政府也因此失去了民眾的信任。直到有一天，政府接獲可靠的消息，說傑克已經金盆洗手，不會再犯下殺人案了（先不管政府怎麼知道這消息是可靠的）。但由於政府已經失去人民的信任，因此就算政府公布這個消息，也沒有辦法弭平民眾的恐慌。那麼，對政府來說，最有效的方法就是抓一個人起來，然後說他就是傑克，並且當場處刑。

在這種情況下，政府可以恢復名聲，百姓也可以放下恐懼；這種方法比起公布傑克的消息來得更有效益。那麼，根據效益主義，我們似乎必須說，這樣的行為是道德上對的行為。但是，我們顯然不會認為這樣的行為在道德上是對的，因為有一個無辜者被當成替罪羔羊，而找人當替罪羔羊是一種不正義的行為。

先不論上述例子對效益主義者來說具有多大的殺傷力，至少在面對這個例子時，他們必須做更多的說明，以排除大多數人對於上述例子確實不道德的強烈直覺。從這裡，我們就可以看出歸謬法的威力。

歸謬法有時會和類比法一起使用，舉例來說，在應用倫理學上，有些人主張色情刊物應該被禁止，因為色情刊物會對人們造成傷害。假設這樣的想法有其道理，會對人們造成傷害的物品應該被禁止，那麼根據類比法，我們似乎還必須禁止汽機車在路上行駛，禁止速食店販賣漢堡、薯條等致癌食物，禁止各種可能造成傷害的運動。



大師語錄 讓我們陷入困境的不是無知，而是看似正確的謬誤論斷。
——馬克・吐溫

但是禁止這許多東西，看起來是很荒謬的。因此，一開始的論點要嘛不成立，要嘛應該做出更細緻的主張，以避免荒謬的結果。

歸謬法有其威力，但就如同類比法一樣，它們都只是一種技巧，必須被小心地使用。歸謬法的效果，很大程度上取決於人們對合理後果與不合理後果的共識。假設有些人就是不認為你根據歸謬法所得出來的後果是不合理的，例如，有些人就是主張為了達到社會最大效益，有替罪羔羊的存在也沒關係。在這種情況下，對這些人來說，歸謬法無法達到原先想要達成的效果，也就不足以去反駁對方的論點了。

## 工具四 思想實驗的善用

思想實驗是哲學家最強大的工具之一。一如其名「思想」實驗，哲學家在這一類實驗中，不需使用昂貴的儀器，也不需仰賴具備各種專業能力的研究人員；哲學家所需要的素材就只有思考。

有時候，哲學家會因為思想實驗而遭到人們抱怨。在做哲學討論時，時常會聽到有人說：「哲學家所設想的那些情況一點都不合常理，怎麼可能會發生！」或者：「設想那種不可能的情況，對於我們的問題根本一點幫助都沒有！」這一類的抱怨，其實大多是出於人們對「思想實驗」的誤解。

事實上，思想實驗的目的，是為了簡化我們的思考。我們之所以在思想實驗中排除許多因素，只留下與問題相關的必要因素，原因在於留下不相干的因素，對於我們想討論的問題來說，只會阻礙我們的思考。而在現實上，我們沒有方法能夠排除這些不相干的因素，也因此這種情況當然不符合常理。其實，說穿了，如果那些實驗可以實際進行，就不需要思想實驗的介入了。思想實驗所需介入的，正是那些我們沒辦法實際做實驗、卻又好奇在這種設定下會產生什麼結果的問題。

舉例來說，在政治哲學的傳統上，一個著名的思想實驗是「**原初立場**」（註4）。羅爾斯在他的著作中，論述人們在這種處境下，將會失去許多與自己相關的訊息，諸如性別、種族、宗教、偏好、才能等等。羅爾斯認為在這種情況下，人們所選擇出來的制度才是真正公平的制度，也才能夠作為社會的基本原則。這種情況顯然不是真正做實驗可以達成的，我們好像沒有辦法要求實驗者同時失去這許多資訊，因此，我們只好透過思想實驗的方式來完成。



註❹ 我們在週三〈重要人物與理論〉的「羅爾斯」一節曾提過這個思想實驗，這裡不再多做說明。

思想實驗要能夠成立，一個重要的特徵就是：我們要能夠保留與我們的目的相關的必要因素。比方說，在上述的思想實驗裡，羅爾斯想要論述的是公平的社會基本原則。因此，為了保留「公平」這個要素，他得要在思想實驗裡將所有可能影響公平性的要素給消除。

讓我們再設想另外一個思想實驗，在心靈哲學的討論中，關於「人格同一性」的問題，時常透過許多思想實驗來討論。當我們說「昨天的我等於今天的我」時，這裡所說的「等於」是什麼意思？換句話說，要滿足哪些條件，才能夠說「昨天的我等於今天的我」呢？在這個問題上，帕特南給出了一個思想實驗，這個思想實驗或許無法給出上述問題的答案，但至少可以讓我們從中測試出，對我們來說，「等於」是什麼意思。

設想一種太空旅行方式，現在你面前有一台機器，這台機器的功能是掃描你的身體，獲得你身體所有細胞的組成成分與排列方式，掃描完畢後會立刻銷毀你的身體。接著，在火星上有一台相同的機器，這台機器接收到你身體細胞的藍圖，然後利用火星上的元素，根據這張藍圖把你組合出來。這個被組合出來的你，跟原本在地球上的你擁有完全相同的心理特徵，與同樣形式的身體組成。而且，你在火星上有意識之後，會以為自己是從地球來的。現在問題來了，在這種情況下，火星上的你跟原本地球上的你，是不是同一個人？

有些人可能認為不是，因為故事已經說得很清楚了，我的身體已經被銷毀，火星上那位只是一個複製品啊！但是對另外一些人來說，他們或許會認為是同一個人，因為兩者擁有同樣的記憶；身體雖然是不同的元素構成，但是其構成形式兩者沒有差別。也可能有一群人認為，身體跟心理都不重要啦，同一個靈魂才是最重要的。

雖然這個思想實驗沒有告訴我們，到底「同一個人」是什麼意思，但是我們至少可以知道這個問題「可能」是什麼意思。「同一個人」可能是同樣的記憶，也可能是同樣的身體，或者，同樣的靈魂。這正是思想實驗另外一個優點，當我們在面對一個問題時，我們可以透過思想實驗來思考，針對這個問題有哪些可能的答案。

當然，思想實驗也有其限制。有些人認為思想實驗時常設想「不可能」的情況，這對我們的問題沒有幫助。對哲學家來說，這些人口中的「不可能」通常不是真正的不可能，只是當下我們的科學無法達成，或者不符合我們目前接受的科學理論。哲學家對於思想實驗的限制確實也有要求，不能夠是不可能的情況，但是，哲學家口中的「不可能」，不是上述意義之下的不可能。





大師語錄　想像力比知識更重要。——愛因斯坦那麼，除了上述意義下的不可能之外，還有什麼其他的不可能呢？有的。哲學家在思想實驗限制中的不可能，指的是**邏輯上的不可能**（註5）。換句話說，思想實驗本身不能夠違背邏輯律。為什麼不能夠違背邏輯律？因為思想實驗的目的是在可能的情況下，設想出可能的結果。但是邏輯上不可能的情況，一般來說大概無法出現在現實世界中（註6）。

## 工具五 簡單性原則以及最佳說明推論原則

在做哲學討論時，我們可能會遇到一種情況，就是雙方針對同一個問題，各自給出了互不相容（註7）的答案，但是他們的答案都可以很好地回答問題，而且在解釋力上面也一樣高。換句話說，所有甲可以回答的問題，乙同樣也可以回答，而且兩者的回答一樣完整。在這種情況下，我們該如何判定理論的優劣呢？

中世紀哲學家**威廉．奧坎**（William of Ockham, 1285-1349）提供了一個可能的解決方法，就是選比較簡單的理論，這樣的主張被稱作「**簡單性原則**」或者「**奧坎剃刀**

**原則**」（註8）。我們可以把這裡的「簡單」理解為：理論預設比較少，或者理論使用到的概念比較少。舉例來說，古希臘亞里斯多德時期，地、水、火、風與乙太被視為構成萬物的五種獨立元素，世界上所有物體都是由這五種元素構成，他也透過這五種元素說明世界上的各種現象。但是，我們也知道「原子理論」（atomic theory）在十九世紀初被提了出來，主張所有的物體都是透過原子組成。這兩種理論在解釋力上看起來似乎一樣強，都可以說明事物組成的原因及現象。但根據簡單性原則，前者必須訴諸五種概念，而後者只需要一種。因此，我們應該主張原子理論比起五元素論更為優秀。

除了簡單性原則之外，另外一個哲學家常用來評價理論優劣的原則，被稱為「**最佳說明推論原則**」。為什麼我們除了簡單性原則之外，還需要這個原則呢？有時候，當數個彼此競爭的理論都擁有同樣強的解釋力，而且在簡單性上也不相上下時，我們沒辦法再透過簡單性原則評價理論的優劣，只好再訴諸另外一個原則來決定，這個原則就是「最佳說明推論原則」。根據此原則，比較好的理論，是在解釋上比較合理的理論。

舉例來說，當小明時常想要約小美出去吃飯，卻一直無法成功時，小明可以想



註❺ 邏輯上的不可能，意思是「會產生矛盾」。

註❻ 在數學上，我們有可能容許違背矛盾律的數學命題，但是在現實世界中，一般不認為有可能存在真正矛盾的例子。

註❼ 雙方的答案沒辦法同時為真。

註❽ 十四世紀哲學家奧坎拿剃刀比喻「簡單性原則」，指出當理論互相競爭時，如果理論的說明力相同，則我們應該剃除比較複雜、預設比較多的理論。

像幾種可能：（一）小美是同性戀，不喜歡跟男生吃飯。（二）小美生性害羞，不敢跟男生出去吃飯。（三）小美不喜歡小明，不想跟他出去吃飯。上述三種理論在解釋力上一樣強，而且同樣簡單，都只有一種理論預設。但是，根據最佳說明推論原則，我們大概會認為最合理的解釋就是三，小美不喜歡小明，所以才不跟他出去吃飯。

儘管簡單性原則與最佳說明推論原則是很好用的原則，也時常被哲學家使用，但這不代表兩種原則所決定出的理論就是正確的。舉例來說，在心靈哲學領域中，我們時常會感受到所謂的「心理現象」。比方說，當我想要喝水時，我會感受到口渴；當我想要吃飯時，我會感受到肚子餓；當我看到悲劇時，我會感受到悲傷。這種種心理現象，似乎暗示著存在一種獨特的心靈實體，而這種實體不同於我們的物理性肉體。心物二元論者正是主張有所謂的心靈實體，並以此來說明心理現象。但是，物理主義者認為，他們可以透過大腦神經的運作說明這些心理現象，如此一來，他們就不需要預設有心靈實體。從簡單性原則來看，物理主義似乎是比較簡單的理論，但是物理主義是否為真，目前為止還有許多爭議。

甚至有些時候，比較簡單的理論反而比較有可能是錯誤的。比方說，對於人類的存在，有一派影響廣泛的說法訴諸「演化論」，而另外一派同樣具有影響力的說法訴諸「神創論」。這兩種理論比起來，當然是「神創論」比較簡單，因為神創論只預設了神的概念，演化論還預設了基因、天擇的概念。除了上述兩種主張之外，我們甚至可以主張人類其實是外星人創造的生物。從理論複雜度來看，三種理論比起來，絕對是演化論複雜多了。在這種情況下，簡單性原則好像會判斷「演化論」是較差的理論，但是現在一般都認為演化論比較有可能是真實的。

再讓我們想想看「最佳說明推論」的反例。西元十七世紀左右，當時對於「天空中的星星為什麼會掛在天上」有兩種說法：一種說法是天空是一個大殼層（註9），由一層層的硬殼所組成，星星則鑲嵌在這些硬殼上，因此它們才會看起來像是被掛在天上。另外一種說法則反對宇宙是一層硬殼，他們認為天上的星星其實就是浮在空中的物體，沒有所謂鑲嵌在硬殼上這一回事（註10）。如果我們是當時的居民，那麼根據「最佳說明推論」，我們好像應該評價第一種理論比較好。為什麼呢？其實很簡單，因為在我們經驗中，所有臨空的物體都會往下墜，如果沒有下墜，肯定是因為有某種東西支撐著。因此，對當時的人來說，在沒有「引力」的概念下，主張那些星星鑲嵌在硬殼上，會是比較合理的推論。畢竟，怎麼可能會有東西可以沒有任何支撐就浮在空中嘛！



註❾ 這種主張是根據「地球中心學說」的世界觀。
註❿ 這種主張是根據「太陽中心學說」的世界觀。

從上述幾個例子我們可以知道，不管是簡單性原則或者最佳說明推論原則，都只是一種評價的方法，我們無法從這些原則得出正確的理論，最多只能夠從這些原則中得出「比較有可能正確」的理論。儘管如此，上述的例子畢竟屬少數，我們只需在判斷的過程中知道有這麼一個面向就可以了，不需因此放棄這兩個原則。畢竟，在大多數情況下，這兩個原則還是可以做出正確的判斷。

在辛苦讀完上述五個重要哲學思考工具之後，一個最好的練習方法，就是回顧這本書裡所提到的哲學討論，並且從中整理出這些討論分別使用了上述哪些哲學思考工具。一旦真正熟練這些思考工具，我們便可以正式放下書本，出外實踐所學了。

生活中的哲學問題無所不在，只要你仔細觀察，不論是從他人的言語中，或者反省自己平常認為理所當然的想法，都可以輕易地從中發現許多哲學問題。

對於日常生活中的哲學問題較不敏感的人，可以先嘗試從這本書裡的哲學問題出發。在這本書裡，我們提到了非常多的哲學主張與哲學問題，這些主張與問題在書中只有最簡要的說明。因此，讀者可以從書中的內容開始，往外發展出自己的一套哲學觀。

## 3分鐘重點回顧

❶ 想要像哲學家一樣思考，只有學會哲學知識是不夠的，我們還需學會哲學能力。

❷ 哲學思考的五種工具包括：透過詢問確認問題、類比法的善用、歸謬法的善用、思想實驗的善用、簡單性原則以及最佳說明推論原則。

❸ 確認問題是哲學討論中的起點，也是最重要的一環。雙方只有在對問題有同樣的理解後，才有可能開始有意義的討論

❹ 很多時候，問題一旦被確認下來，答案也就呼之欲出了。

❺ 哲學家透過類比法，將比較抽象的概念類比到比較具體的概念上，如此不但可以增加理論的清晰度，也可以增加理論的說服力。

❻ 使用類比法時，要能夠精確掌握類比的例子與原來例子之間的架構。一旦兩者有架構上的不一致，便很有可能導致錯誤的類比。

❼ 歸謬法是一種用來反駁對方論點的方法，先從對方論點成立為起點，如果可以因此推論出我們難以接受的結果，就表示對方論點不應該成立。



大師語錄 許多人寧死也不願思考，事實上，他們也確實到死都沒有思考。——羅素

❽ 歸謬法也是一種使用上需特別小心的技巧。歸謬法要能夠有效地攻擊對方的論點，前提是雙方對於合理的後果與不合理的後果看法類似。

❾ 思想實驗的目的，在於簡化我們的思考。我們思考問題時，常有許多因素是不必要的。排除這些因素，可以讓我們更專注在與問題相關的因素上。

❿ 思想實驗雖然可以異想天開，還是有個必要的限制，就是不能夠設定「邏輯上不可能」的情況。一般認為這種情況沒有機會出現在現實世界。

⓫ 如果對立的理論之間具有同樣的解釋力，那麼在評價理論優劣時，我們可以訴諸「簡單性原則」或者「奧坎剃刀原則」。

⓬ 如果對立的理論之間不但具有同樣的解釋力，也同樣地簡單，我們還可以透過「最佳說明推論原則」評價理論的優劣。

⓭ 「簡單性原則」與「最佳說明推論原則」最多只能區分出比較有可能正確的理論，不能夠用來確定理論是否正確。

# 延伸閱讀

## 延伸書籍

這本書只能算是哲學入門中的入門書，因此，如果讀完本書以後，對哲學抱有濃厚的興趣，可以參考以下列出的哲學入門書。如此一來，必定能夠對哲學有更深刻的了解喔。

### （一）哲學概論系列

1 彭孟堯（二〇〇六）。《哲學入門：想想哲學》。紅葉文化出版。

2 湯瑪斯．內格爾（二〇〇二）。《哲學入門九堂課》。黃惟郁譯。究竟出版。

3 林正弘（二〇〇三）。《想一想哲學問題》。三民出版。

### （二）哲學史系列

1 羅伯特．索羅門、凱瑟琳．希金斯（二〇〇七）。《寫給所有人的簡明哲學史》。黃煜文譯。麥田出版。

2 趙敦華（二〇〇二）。《西方哲學簡史》。五南出版。

### （三）哲學家系列

1 富增章成（二〇〇八）。《蹺課遇上哲學家：思考與表達的第一本書》。長安靜美譯。究竟出版。

2 陳榮華、傅佩榮等（二〇〇六）。《西洋哲學傳統》。國立台灣大學出版中心。

**（四）哲學各領域系列**

1 王文方（二〇〇五）。《這是個什麼樣的世界》。三民。

2 朱立安．巴吉尼（二〇〇八）。《一把鑰匙，走進哲學》。陳信宏譯。麥田。

3 陳瑞麟（二〇〇六）。《科幻世界的哲學凝視》。三民。

4 谷部恭男（二〇一二）。《法律是什麼？——法哲學的思辨旅程》。商周出版。

5 邁可．桑德爾（二〇一一）。《正義：一場思辨之旅》。雅言文化。

**（五）哲學思考系列**

1 朱立安．巴吉尼（二〇〇七）。《你以為你以為的就是你以為的嗎？12道檢測思考清晰度的哲學闖關遊戲》。陳信宏譯。麥田。

2 彼得．佛索、朱立安．巴吉尼（二〇〇七）。《哲學家的工具箱：一本教你如何有效思考的技術手冊》。黃煜文譯。麥田。

## 延伸電影

除了書本之外，現在市面上也發行了許多哲學意涵豐富的電影。讀者們在閱讀書籍之後，也不妨透過這些富含哲學思考的電影，加以印證自己從書本中習得的哲學知識與哲學思考吧。

**（一）形上學**

1 駭客任務（*The Matrix*）（一九九九）：我們所感受到的世界，都是真實的嗎？

2 關鍵報告（*Minority Report*）（二〇〇二）：我們是否可以因為一個人即將犯罪，而逮捕他？

3 蝴蝶效應（*The Butterfly Effect*）（二〇〇四）：改變過去，真的能夠改變未來嗎？

**（二）知識論**

1 駭客任務（*The Matrix*）（一九九九）

2 關鍵報告（*Minority Report*）（二〇〇二）

**（三）倫理學**

1 千鈞一髮（*Gattaca*）（一九九七）：從基因改造探討倫理議題。

2 楚門的世界（*The Truman Show*）（一九九九）：如果人生只是一場實境秀？

3 變人（*Bicentennial Man*）（二〇〇〇）：機器與人類之間真的有不可跨越的鴻溝嗎？

4 絕地再生（*The Island*）（二〇〇五）：探討複製人與相關倫理議題。

**（四）心靈哲學**

1 變人（*Bicentennial Man*）（二〇〇〇）

2 AI人工智慧（*A. I. Artificial Intelligence*）（二〇〇一）：機器人也會渴望被愛，與愛人。

3 絕地再生（*The Island*）（二〇〇五）

4 全面啟動（*Inception*）（二〇一〇）：夢境中還有夢境，人在夢境中也會死亡。

**（五）應用倫理學**

1 死亡醫生（*You Don't Know Jack*）（二〇一〇）：協助自殺與安樂死的倫理議題。

**（六）政治哲學**

1 茉莉人生（*Persepolis*）（二〇〇八）：我們想要怎樣的政治制度？

2 我的名字叫可汗（*My Name is Khan*）（二〇一一）：伊斯蘭教就是恐怖主義的代名詞嗎？

國家圖書館出版品預行編目資料

今天學經濟學了沒／張智皓著. --初版. -- 臺北市：商周出版：家庭傳媒城邦分公司發行, 民102.4
面；　公分.--（超高效學習術；19）

ISBN 978-986-272-353-1（平裝）

1. 哲學

100　　102005389

超高效學習術 19

# 今天學哲學了沒

作　　者／張智皓
責任編輯／葉咨佑

版　　權／翁靜如
行銷業務／李衍逸、蘇魯屏
總 編 輯／楊如玉
總 經 理／彭之琬
發 行 人／何飛鵬
法律顧問／台英國際商務法律事務所　羅明通律師
出　　版／商周出版
臺北市中山區民生東路二段141號9樓
電話：(02) 2500-7008　傳眞：(02) 2500-7759
E-mail：bwp.service@cite.com.tw
發　　行／英屬蓋曼群島商家庭傳媒股份有限公司城邦分公司
臺北市民生東路二段141號2樓
書虫客服專線：(02)2500-7718；2500-7719
24小時傳眞專線：(02)2500-1990；2500-1991
服務時間：週一至週五上午09:30-12:00；下午13:30-17:00
劃撥帳號：19863813　戶名：書虫股份有限公司
E-mail：service@readingclub.com.tw
歡迎光臨城邦讀書花園　網址：www.cite.com.tw
香港發行所／城邦（香港）出版集團有限公司
香港灣仔駱克道193號東超商業中心1樓
電話：(852) 25086231　傳眞：(852) 25789337
E-mail：hkcite@biznetvigator.com
馬新發行所／城邦（馬新）出版集團　Cité (M) Sdn. Bhd.
41, Jalan Radin Anum, Bandar Baru Sri Petaling,
57000 Kuala Lumpur, Malaysia.
電話：603-90578822　傳眞：603-90576622
E-mail：cite@cite.com.my

封面設計／江孟達
排　　版／菩薩蠻電腦排版股份有限公司
印　　刷／韋懋實業有限公司
總 經 銷／高見文化行銷股份有限公司　電話：(02)2668-9005
傳眞：(02)2668-9790　客服專線：0800-055-365

■2013年（民102）4月2日初版1刷　　Printed in Taiwan
■2021年（民110）5月11日初版3.8刷

**定價／240元**